海口旅游职业学校书香校园丛书
总　主　编◎赵金玲
副总主编◎杨　英　王高平　洪　涌　李志昆

追求卓越

主编◎赵金玲
编委◎李志昆　王高平　杨　英　洪　涌　谭家来
　　　周建充　王锦纲　赖文浩　杨颜菲

北京·旅游教育出版社

前　言

十九大的胜利召开如同春风拂面，坚定了中国的信心，增强了教育人的使命感。教育在的新时代背景下，将面临新征途、新任务、新使命。海口旅游职业学校作为一所国家示范校，我们的管理团队不得不思索在这样的美好时代，怎样既坚持学校特色，又改革创新；怎样既坚持立德树人，又服务产业；怎样既超越自己，又与同行共享发展，等等。这本书的编写整理也因此有了动力和决心，有了明确的目标。

一是提升团队的思辨能力，凝结成学习型组织。这项工作是交流经验，提升理念，探索途径。令人感动的是大家克服困难，梳理思路，将工作经验和体会整理成集。尽管文章水平不一，深浅不同，但都是各自思考的结果。"横看成岭侧成峰"，对每个有思想的人来说都是裨益的。捡起散落的珍珠就可以穿成美丽的项链。这些都是经验和认识、理念和追求、精神和境界的重新交融和深刻提升。

二是激发内心的教育情怀。我们每个管理者首先是教育者。所有工作的出发点和落脚点都是学生和教师。师者之师，生者之师，教育不仅是知识的传播，更是思想与思想的碰撞，情感和情感的沟通。我们作为管理者更是要做博爱深沉、情感真挚、富有情怀的教育工作者。只有这样我们才越是坚定，越有力量，越有成果。艾青说过："为什么我的眼里常含泪水？因为我对这土地爱得深沉……"

三是打造精英团队。知行合一，学做协同。不驰于空想，不骛于虚言。团队不是各自为战的个体，而是有共同目标的群雁，是"红花绿叶"的发展共同体。通过整理大家的思想认识，促成共同愿景的达成，思想步调的统一，争当学校工作和教育改革的发动者、先行者和代言人。

在这本书的整理过程中，谭家来、周建充、赖文浩、杨颜菲等同志均做了大量细致的工作，感谢他们的辛勤付出。虽然我们水平有限，但却是真心实意的奉献，希望以此书回报对我们给予支持和理解的老师们、同学们和家长们，回报关心教育事业的各界人士，并以此迎接和庆祝建校二十五周年。

编者

2018年3月

目 录

第一部分　办学经验交流篇

发展旅游职业教育　服务国际旅游岛 …………………………………… 3
创新职教扶贫模式　推进职教快速发展 ………………………………… 7
创新学校管理　打造职教品牌 …………………………………………… 11
重质量　抓内涵　变"输血"扶贫为"造血"扶贫 …………………… 16
深化专业建设　推进内涵发展　打造特色鲜明的职业学校 ………… 21
服务民生，服务社会　为国际旅游岛建设而努力 …………………… 25
突出"五个融入"　重在管理实效
　　——海口旅游职业学校培育社会主义核心价值观的实践与探索 …… 29
突出特色　强化管理　提升人才培养质量 …………………………… 36
文化入校　文化立校　文化强校
　　——海口旅游职业学校优秀传统文化教育经验交流 ……………… 41
实施"五个加"，实现"四个转变"
　　——在海口市教育系统"双创"现场会上的汇报 ………………… 46
创新人才培养模式　提升人才培养质量 ……………………………… 50
不断创新　继续前行　助推我校毕业生高品质就业
　　——海口旅游职业学校2015—2016年度毕业生就业工作报告 …… 54

一体化人才培养试点项目转段工作汇报 ………………………………… 61
不断创新，继续前行　助推集团化办学品牌化发展
　　——海南旅游职业教育集团办学汇报材料 …………………………… 67
努力做好"三个融合"　持续推进"两学一做"学习教育 ……………… 76
文明润校园　立德育人才 ……………………………………………… 79

第二部分　干部工作心得体会篇

"坚持"与"创新"小议 ………………………………………… 李志昆　87
管理的魅力在于如何理顺法、理、情的关系
　　——读《马云：我的管理心得》有感 ………………………… 王高平　90
看不见的管理 ……………………………………………………… 杨　英　94
以情感教育为核心开展中职学生德育工作 ……………………… 洪　涌　97
开卷有益
　　——小议干部学习的重要性 …………………………………… 吴多斌　104
转变观念　抢占职业教育的制高点 ……………………………… 刘统民　107
学而思，效且优 …………………………………………………… 周建充　111
在前行 ……………………………………………………………… 潘雪梅　114
勤于学　善于做 …………………………………………………… 符祥泉　116
责任与意识
　　——兼谈学校干部工作心得体会 ……………………………… 谭家来　118
鲜花与培土 ………………………………………………………… 钱　玲　121
略说学校人事管理工作的几点经验 ……………………………… 王锦纲　124
他用信任启迪我
　　——我的行政管理小故事之一 ………………………………… 冯　浪　128
职业教育的本质 …………………………………………………… 韩鸿定　130
喝汤有感 …………………………………………………………… 杨山青　132

学做人　学做事	周　州	134
行政管理工作漫谈	陆振纬	136
在欣赏中共同成长	郑冠琚	138
学习助我成长	王平康	140
一位"半道出家"老师的几点感悟	王春萍	142
以心换心，促我成长	冯成壮	146
理性妥协　和谐共进	肖　砾	150
干部执行力小议	陈文涛	152
谈谈学校中层干部的体会	潘　诚	154
管理心得学习随笔	谭　蓉	156

第一部分　办学经验交流篇

发展旅游职业教育　　服务国际旅游岛

（2009年10月）

在改革开放30周年，海南建省20周年之际，海南确定了继续当好改革开放排头兵、建设国际旅游岛的重大决策，这必将带动我省旅游业进入新一轮高速发展的黄金时代。为此海南要大力发展以旅游业为龙头的现代服务业，加大旅游要素的国际化改造力度，推进我省旅游业的转型升级。这意味着未来海南旅游业的发展对旅游人才的需求总量将会更大，而且对旅游人才提出的要求将会更高，对旅游职业教育提出的挑战将会更多。所以要全面推进旅游业的国际化步伐，加快国际旅游岛建设，核心在旅游人才，关键在旅游职业教育，重心在旅游院校。国际化的旅游岛应该拥有国际化的旅游职业教育。

当前，我国职业教育蓬勃发展，我省职业教育成绩喜人。省委书记卫留成于2007年就提出了"加强规划，整合资源，创新模式，大力发展职业教育"的要求。罗保铭省长在2007年对中职教育进行专题调研时，明确提出对职业教育要"重点支持、重点倾斜、重点发展"，并要求"用三年时间打好职业教育翻身仗"。三年来，在各级党委和政府的高度重视和积极的政策扶持下，我省中等职业教育无论是在招生人数、教育模式、市场就业率，还是在实训设备投入、专业师资培养等方面都取得了较好的成绩。在大好的职教发展形势下，在省市各级领导的关心和帮助下，海口旅游职业学校近三年来，开拓创新，踏实奋进，取得了长足的发展。

一、学校规模日益扩大

2007年，为适应我省建设国际旅游岛的需要，在省委、省政府的高度重视和香港言爱基金会的大力捐助下，由海口市政府筹建了海口旅游职业学校白水塘

校区，其占地面积225.5亩，建筑面积4.85万平方米，可容纳学生6000名。目前，该校区一期建设已初步完成，并于今年9月投入了使用。

三年来，学校招生人数逐年增长：2006年2830名学生，2007年3168名学生，2008年4087名学生，2009年4487名学生。学校品牌知名度和社会认可度都在不断提高，为我省国际旅游岛建设培养高素质旅游人才提供了重要保障。

2007年，学校还成了由22家企业和20所相关职业学校组成的"海南旅职教集团"的龙头校，将全省设有旅游相关专业的职业学校，在保持其原行政隶属关系不变，相对独立的情况下，在招生就业、教育教学、市场调研、对外交流、校企合作、工学结合等方面组成互助协调的综合职业教育联合体，切实发挥学校在海南省旅游教育发展中的龙头作用。

二、学校质量稳步提升

自办学以来，学校就牢固树立以人为本的教育理念，始终坚持以德育为首，以就业为导向的办学思想，开设了航空服务与VIP服务、旅游服务与管理、旅游英语、旅游财会、高尔夫服务与管理、中西餐烹饪、导游、美容美发与形象设计、计算机应用、商品经营与管理、饭店服务与管理（职高）11个专业，为社会各行各业输送了15 000多名毕业生，就业率均在95%以上；培训员工近36 000人次，近24 000人次获得不同种类职业资格证书，充分发挥了国家级重点职业学校的示范和辐射作用。

近三年来，学校学生在全国、全省旅游服务、烹饪、美容美发技能大赛中均获得佳绩，获奖人数、等次连续三年位居全省首位。2008年，学校的奥运班学员圆满地完成了北京奥运会和残奥会主会场"鸟巢"的VIP高端服务，以真诚的微笑、细心周到的优质服务受到了世界各国嘉宾的一致称赞，为中国、为海南赢得了"金牌服务"的荣誉，以"零失误"的优秀服务展现了海口中职生的风采。

三、社会效益日益增强

近几年学校招生规模不断扩大，但就业率始终保持稳中有升的趋势，毕业生的就业率达到95%以上。同时，学校坚持面向市场办学，毕业生受到了用人单位的欢迎。省内外许多五星级宾馆酒店都与学校建立了"订单培养"的关系。上海唐宫酒店、海口金海岸罗顿大酒店、三亚海航度假酒店、博鳌索菲特大酒店等，都在学校设立了"企业冠名班"，使学校培养与企业岗位实际更紧密地结合起来。香港唐宫饮食集团为与学校建立长期供需合作关系，出资300万元为学校建设了学生活动中心。

自1998年以来，学校本着"培养一名学生，扶助一个家庭，服务整个社会"的宗旨，与保亭、临高、琼中、东方、白沙、乐东、昌江、屯昌等8个国家级、省级贫困市县联合办学，采用"三段式"的办学模式为贫困市县培养了近3700名毕业生到上海、深圳、广州、海口等城市就业。2007年1月，国家教育部周济部长来到学校调研，对学校充分利用自己的优质资源向县级职业学校辐射，开发农村人力资源、以规范保证教育质量、以就业拉动招生增长，服务经济快速发展，带动农民脱贫致富，给予了充分的肯定；对"三段式"的办学模式也给予了高度的评价。学校每年还免费培训各市县职业学校的干部和教师，并且派出专业教师到各分校送教上门，通过"传、帮、带"的形式为各分校培养了近150名干部、教师，促进了农村职业教育的发展。

四、国际化办学推动发展

为切实提升学校品牌知名度，增强核心竞争力，充分依托海南旅游业的产业优势和政策优势，着力打造精品专业、培养优秀教师、提供精英人才，使旅游人才在数量、质量和结构上都能达到国际旅游岛建设的目标及要求。学校近年来还开拓办学思路，走出国门，开展了国际合作办学模式的尝试。2009年学校参加海口职业教育考察团出访奥地利、瑞士和美国，参观了多所国际知名旅游院校并取得良好的成效。在合作共赢、互惠互利的原则下，学校分别与奥地利萨尔茨堡应用科技大学和美国夏威夷大学卡皮欧拉尼社区学院签署了五个项目合作协议。这些项目有长期的学历教育合作，也有短期的国际培训；有学生交流项目，也有教师交换项目，实现了我市乃至我省中等职业教育国际合作零的突破。学校将借助海南独特的旅游优势,打造海南旅游教育的强势品牌,逐步实现办学层次多样化、课程设置科学化、办学模式国际化和产学教研一体化的发展目标。

正如《海南日报》9月8日在对学校的报道中写到的,"规模质量效益齐步迈进,是海口旅游职业学校近3年间办学的三大硕果"。将来学校将致力于高起点定位、高目标发展、高标准配置、高质量师资、高效率运作、高水平服务,努力将自身打造成全省旅游行业的职教航母,为建设海南国际旅游岛、促进我省经济又好又快发展做出新的更大的贡献!

创新职教扶贫模式　推进职教快速发展

（2009年12月）

海口旅游职业学校是海口市政府于1993年投资建设的一所公办的综合性中等职业学校，属北京市西城区旅游职业教育集团成员校，是海南省一级示范校，首批国家级重点职业高中，全国百所德育科研名校之一。2006年获得"全国德育'十五'课题研究先进校"称号；2007年被评为"全国教育系统先进集体"；2008年获得"全国青年文明号"荣誉称号。

开办之初，海口旅职校在京海两地领导的亲切关怀下，在京海两地园丁的辛勤耕耘下，不断发展壮大，并探索出一条适合旅职校发展的成功之路，创造了"政府行为、社会参与、优势互补"的海口办学模式。

从1998年开始，海口旅职校在成功引进北京市西城区旅游职业教育集团优质资源的同时，不断优化自身，并响应国家关于做好农村扶贫和农村劳动力转移的号召，积极扶持农村贫困地区的职业教育，帮助贫困家庭脱贫致富，学校提出了"培养一名学生，扶助一个家庭，服务整个社会"的办学口号，并充分利用学校的优质资源向县级职业学校辐射，开发农村人力资源、以规范保证教育质量、以就业拉动招生增长，服务经济快速发展，带动农民脱贫致富。旅职校于1998年开始先后与临高、保亭、东方、琼中、白沙、乐东、五指山、昌江、屯昌等9个国家级、省级贫困市县的职业学校联合办学，挂起了海口旅职校分校的牌子，生源来自农村及贫困山区。与9个市县联合办学以来，为各分校共培养了3700名毕业生。

一、"三段式"办学模式是职业教育的亮点

为了帮助各市县分校办学，减轻贫困学生家庭经济负担，扩大海口旅职校的

品牌宣传，原旅职校张曼年校长率先在省里提出分段办学的设想并付诸实施：即用海口旅职校的品牌与各市县中职学校联办旅游专业，第一阶段学生在当地学习基本理论、基本技能一年，市县政府为每个学生每月补贴生活费30~50元，学校学费适当减半；第二阶段在旅职校强化专业理论和专业技能半年，并在学校参加各种考核，综合素质达标后，将这些学生送往高星级酒店实习一年，旅职校派老师跟班配合酒店管理学生。张曼年校长认为：全国城市普教热，职校的生源重点应放在农村，既可以保证生源数量，又可为农村转移富余劳动力，带动农民脱贫。要想帮助农民家庭脱贫，就必须鼓励家庭里适龄的孩子读职校学一技之长，教给他们脱贫致富的本领，让他们走出农村。在"三段式"教学中，学生入校第一年最为重要，这一年要让学生学会做人再学会做事，狠抓职业行为的养成，培养他们的表达能力和职业道德。

二、政府重视和支持是对联合办学的激励

海南省东方市是省级贫困市，2001年这里的职业教育还只是在普通中学挂个职教班的牌子，因为连专业都定不下来，学生学的是普通高中课程。由于学生没有出路，这样的职业教育每年招生不到20人。2002年，新上任的东方市市委书记黄成模提出，把农村职业教育作为农村扶贫教育的重点来落实，必须引进成熟的职教办学模式。他找到张曼年校长，将"海口模式"整体引进到县级职教，配备师资和建设校园，建立了海口旅职校东方分校。由于东方分校办学成果显著，学生人数在逐年增长，市政府同意拨款建设新校园，盖起了新的教学楼和学生宿舍。现在的东方市，学生读职高并不容易。2002年，旅职校又与保亭县中等职业学校联合办学，由于联办成果显著，得到了县委李永喜书记的大力支持。李书记亲自召开全县职教工作会，帮助职中招生，并投资扩大学校。在市县领导的大力支持下，各联办职业学校发生了巨大的变化：学生人数逐年增长，从联办前的几十人发展到几百人，扩大了职教的办学规模，社会声誉也逐年提升。如今各市县分校共有旅游专业在校生近2000人。当地干部群众感慨地说："要致富，学技术；要打工，读职中"；"扶贫，扶贫，最有效的是职业教育扶贫"。

三、重视干部教师的培养是教育教学质量的保证

为提高各市县分校教师的素质，旅职校每年都免费培训各市县职业学校的干部和教师，培训内容主要是学习学校管理和专业教学，每年都派出专业教师到各分校送教上门，派出一部分教师下到各市县分校协助招生，通过"传、帮、带"的形式为各分校培养了近100名干部、教师。学校领导每年都要到各市县职校调研，并主动向市县领导汇报职校发展的情况，以此促进市县政府对职业教育的重视，均得到各市县领导们的热情接待和大力支持。在旅职校的组织之下，自2006年在保亭县召开了联合办学第一届现场研讨会以来，每年都如期召开。每届研讨会，旅职校都会派出教育教学经验丰富的专业教师对各分校的教师进行指导，通过指导和交流，使各分校教师在教育教学过程中所遇到的问题迎刃而解，也让我们更深入地了解各分校教育教学现状。如今我们已经逐步在全省建立了旅游中职教育网络，促进了农村职业教育的发展、农村劳动力的转移和贫困学生家庭脱贫致富。

四、实习就业"出口"畅通是联合办学成功的保障

旅职校始终坚持面向市场，与行业、企业开展联合办学，学校的办学模式以及培养质量，得到了各个用人单位的认可。因而，学校与企业的联合办学一路畅通，海南的许多五星级宾馆酒店都与学校建立了"订单培养"的关系。例如，上海唐宫酒店、金海岸罗顿大酒店、海南文华大酒店、三亚南山文化苑、三亚海航度假酒店、超五星级的博鳌索菲特大酒店等都在我校设立了"企业冠名班"，使学校培养与企业岗位实际更紧密地结合起来。三亚度假村为了保证企业发展，到最贫困的地方招募学生，学费全部由企业垫付，与我校共同开设三亚度假村冠名班。目前，该班毕业生已到三亚度假村上岗就业。如此，不仅让企业招到了合格的就业人才，而且解决了贫困学生的学费问题。这种由企业先垫资培养职教学生，学生毕业到企业就业的办学模式，不仅创造了职业教育扶贫的新方式，而且得到了有关部门的高度赞誉。目前，各市县分校毕业生大多分布在全国多家星级

酒店、饭店工作，其中有上海唐宫海鲜舫、东莞三正半山酒店、东莞喜来登酒店、清远索菲特、深圳潮江春酒楼、深圳丹枫白露酒店、深圳观澜湖高尔夫球会、三亚鸿洲埃德瑞度假酒店等。由于部分学生在酒店工作进步较快，有60多人已被提升为部长或主管。其中保亭分校2003届毕业生黄可莹在三亚亚太会议中心实习结束后被留用，当年就被提升为前厅部主管，现已当上经理；临高分校2005届毕业生王颖和陈莉莉在广州天河正佳广场大椰丰饭实习结束后双双被提升为楼面部长；东方分校2006届毕业生张丽珍、符英小、陈荣娜等7名学生在深圳潮江春工作后已被提升为部长，等等。各分校学生走上工作岗位后，过去这些学生的家庭一年收入只有两头猪钱，家长一辈子没有见过1万元。现在，家庭收入一个月就能超过两头猪钱。有的家庭已经买了地，种上了瓜果和蔬菜；有的家庭买了抽水机、碾米机、拖拉机、电器等；有的孩子就业后把攒下来的工资寄回家供弟弟妹妹上学。这不仅解决了家庭的贫困问题，而且也给社会带来了经济效益。

　　总之，2007年1月，原国家教育部部长周济来海南调研时也充分肯定了旅职校与6个农村职校联合办学的经验，指出大力发展中等职业教育，重点就是抓好职教扶贫工作。2005年4月4日，中国教育报以题名为《"海口模式"的辐射效应》的文章向全国中等职业技术学校推广旅职校联合办学模式；2007年2月25日，中国教育报又以题名为《海口旅游学校城乡合作办学集团发展》的文章再次报道了旅职校联合办学模式。2007年1月25日，光明日报以题名为《海口旅游职校——乡下女娃也能挣钱养家》报道了旅职校职教扶贫的显著成果。海南省的各大报刊也纷纷报道了旅职校与各市县职业学校联合办学的显著成效。

创新学校管理　　打造职教品牌

（2010年12月）

海口旅游职业学校是海口市政府于1993年投资建设的一所公办的综合性旅游中等职业学校，现拥有两个校区：白水塘校区和白龙校区。建校以来，学校遵循"向管理要效益、向管理要质量"的原则，追求卓越，打造品牌，实现了"德育管理特色化、制度管理精细化、集团管理规模化和师资管理优质化"，被誉为"椰城职业教育的明珠"和"南国旅游人才的摇篮"。

一、德育管理特色化

学校在培养目标上确立了"大旅游环境育人观"的德育管理理念和"准星级酒店"为主的管理模式。在德育手段上，努力为学生创立一个就业与创业的基础平台，树立"以人为本"和"育人为本"的"两种观念"；体现"三个突出"：突出学生的专业思想教育，突出学生的职业特征培训，突出养成教育与实践锻炼相结合；做到"四个坚持"：坚持以德育为首、坚持以就业为导向、坚持多种专业结构下的统一德育管理、坚持"严、细、实"的德育管理训练模式。在德育实践中，学校紧扣专业思想教育这条主线，确立德育工作指南：一年级入轨教育，学生要树立专业思想，进入职业"角色"；二年级定型教育，要使学生具备职业特征，具有良好的职业气质、形象和作风；三年级是成熟教育，学生要有过硬的思想素质、工作作风和专业技能。学校注重加强德育工作针对性、实效性的研究和探索，形成了"五以"和"三结合"的德育工作模式。"五以"，即以课堂教学特别是专业思想教育课教学为主渠道，以职业道德教育为重点，以养成教育为根本，以丰富的教育活动为载体，以社会实践检验和提高学生素质为主线。"三结合"，即坚持思想教育和严格管理相结合，坚持德育改革与科研相结合，坚持社会实践和培养能力相结合，努力提高学生的综合职业素质。学校充分发挥职业教育特色，在多年的德育工作中不断进行总结提炼，探索创新，摸索出具有旅校特色的发展途径：课堂育人、活动育人、岗位育人和创新育人。

一是课堂育人。我们坚持做到每堂课有"德育点"，做到点线结合；每个教师都是"德育人"，做到师生相长；每堂课都渗透专业思想、专业态度、专业意识、职业养成等德育教育。其目的在于为学生专业服务，为学生职业发展服务，努力实现"文化课与专业课融合、德育与教学融合，专业与行业融合"的"三融合"。

二是活动育人。作为德育载体的活动在我校更是丰富多彩，主题教育月有活动、传统节日有活动、校内外有活动、岛内外有活动。如利用参加奥运服务的机会进行爱国教育和团队合作意识培养，不仅使奥运班的学生得到了质的提升，实现了奥运金牌服务，而且让全校师生懂得了"我参与、我奉献、我快乐"的真谛。每年，学生参与的各类校内外活动近百次。无论活动大小，我们都坚持做到：一是深入挖掘每项活动的德育内涵，寻找育人点，带着明确的德育目标组织活动；二是活动之前充分动员、活动之中指导管理到位、活动之后总结提升。这是每一次活动我们必走的有效的程序。

三是岗位育人。实习工作不仅是检验学生在校两年的学习情况，也是学生全面实践的重要阶段，更是学生完成成熟教育的重要阶段。为此，我们进行实习前的教育，包括思想教育、心理辅导等；我们制定相关的实习纪律、要求及奖励制度；我们派实习指导教师跟踪管理，思想上指导，工作上协调，生活上关心，等等。

四是创新育人。我们认为创造性地开展德育，既能增强德育的时代感又能令学生喜闻乐见，从而达到德育实效。如：大家知道班会课是德育的重要形式，在长期的实践中我们发现各种传统形式的班会课都有其优势，但也存在说教过多、效果不尽如人意的遗憾，为此我们确立相关科研课题，经过全体班主任一年的探索、实践、研究，最终喜出成果："体验—交流—任务式"班会课模式。此成果也荣获2009年全国德育年会成果一等奖。在推广的过程中，我们深深体会到这一班会模式有效地改变了传统班会的说教习惯，充分发挥了班主任的主导作用和学生的教育主体地位，学生非常乐于参与，切实提高了班会课的成效。

2009年，学校总结多年德育工作的经验，结合现代德育工作的特点出版了《班主任工作指导与管理手册》《学生生活指南》《班主任话细节》和《德育故事读本》共四本德育读本，班主任和学生人手一册，有效提高了班主任的工作能力和学生的适应能力。

二、制度管理精细化

细节决定成败，没有规矩不成方圆。学校始终坚持"以人为本"的宗旨，用制度管理人、约束人、规范人，做到管理精细化。学校出台了各项管理制度，主要有《教师的考核内容和标准》《学生日常行为规范量化考核方法》《关于教职工标准着装的规定》《学生着装发型基本标准及管理措施》《教职工考勤管理方法》《教职工聘任制暂行办法》《关于教学计划、排课、请假、调课、停课的规定》《财产财务管理制度》等。这些管理制度使师生的各项行为有规可依，有章可循，从而也激活了学校管理的激励机制，有效地促进教育教学质量的提高。学校以规范教学管理、全面提高教学质量为中心，认真落实各项常规管理和教学改革措施，取得了一定的成效。为了切实做到"专业与行业的融合、文化课与专业课的融合、德育与教学的融合"，学校进行了专业建制改革：设置三个专业教学部，以行业岗位需求为指针，以岗位流程学习为主线，以岗位能力培养为目标，调整教学计划和专业标准，全面推行了学分制，把学生的职业道德、职业能力和就业率作为考核学校和教师的重要指标。

三、集团管理规模化

近年来，学校积极发挥职教名校的示范辐射作用，大胆探索出具有海南特色的集团化"三段式"教育新模式。为适应海南国际旅游岛建设的需要，以海口旅职校为龙头，并于2008年9月27日正式成立了海南旅游职业教育集团。集团实行董事会领导下的各校校长负责制。集团成员校均保持原有行政隶属关系，为独立的教育、教学单位，各校的人事、财务、内部管理均由各校结合自身的校情自行安排，但旅游服务与酒店管理专业必须按照海口旅游职业学校的管理模式进行教育教学。学校充分发挥龙头校的作用，利用实训基地帮助各成员校培训干部队伍和师资队伍，并借助自身的优势解决各成员校学生的实习与就业问题。集团首批有42家董事会成员单位，除了省、市设有旅游相关专业的中职学校之外，还有海口、三亚、深圳、东莞等地20家高星级酒店及餐饮公司。海南旅游职业教育集团的成立不仅能有效地改变过去旅游专业"散、弱、小"的局面，通过集团内部的联合，利用集团的优质资源，逐步实现各成员单位的整体优化，提升海南旅游中等职业教育综合实力，努力打造海南旅游中等职业教育航母；而且能全方位多元化地为海南现代旅游业服务，培养更多高技能、高素质人才。

四、师资管理优质化

学校把教师和干部队伍建设视为学校可持续发展的动力源泉。近年来，为了加强师资队伍建设，学校组织实施了"形象工程"和"人才工程"。"形象工程"重在提高教师的思想政治素质与职业道德；"人才工程"重在培养两支队伍——"双师型"教师队伍和骨干教师队伍。目前，学校的"双师型"教师已占专业教师的95%。学校先后制订了骨干教师培养计划、教师继续教育制度、专业教师顶岗学习制度、外聘教师管理制度，通过培养和引进相结合，学校和企业相配合，国内培训和国外培训相融合等方式，极大地激发了广大教师的积极性、主动性和创造性。另外，还对教师采取分层次、多元化培训，有骨干教师培训、"师带徒"结对、"双师型"教师培养、教师顶岗学习等，鼓励专业课教师一专多能，鼓励文化课教师专业化。学校重视德育队伍建设，构建了一支高水平的德育工作队伍，打造了一支骨干班主任队伍。学校通过考察，选拔一批优秀班主任担任骨干班主任，并发挥他们的辐射作用，与年轻班主任结对子，做好传帮带。多年来学校多次组织班主任到省内外考察学习，不断拓宽老师的管理思路，汲取先进的德育经验，使德育队伍的德育能力不断提高。另外还将班主任工作计入教师基本工作量。出台《班主任任职规定》《班主任管理与考核评价办法》《班主任特别奖奖励方案》等制度，在工作组织、考核、评比、奖惩等方面做出规定，规范、评价、肯定、奖励班主任工作。

海口旅游职业学校在各级政府的支持下、在社会各企业的帮助下，充分发挥职业教育特色，在教育教学方面取得了良好的成绩，社会效益显著。2007年以来先后荣获全国教育系统先进集体、全国德育工作先进集体、全国青年文明号、全国中等职业教育德育工作先进集体和全国百所德育科研名校等荣誉称号。2009年以来，学校乘着海南国际旅游岛建设的东风，对内夯实管理基础不断改革创新，对外树形象汇集各方资源坚持可持续发展。学校不仅坚持发挥海南旅游职教集团龙头校辐射作用，而且在省内较早探索开展国际化办学，引进优质资源，分别与奥地利萨尔茨堡应用科技大学和美国夏威夷卡皮欧拉尼社区学院签署了国际教育合作协议，美国夏威夷卡皮欧拉尼社区学院也加入海南旅游职业教育集团，使该集团成为海南省唯一一家有境外成员的中等职教集团。

2010年11月，海口旅游职业学校入选了首批300所国家中等职业教育改革发展示范学校建设计划项目，深感责任重大，学校将以更加务实和创新的态度、更加坚定的发展步伐直面挑战，努力在建校20周年之际实现跨越式发展。

重质量 抓内涵
变"输血"扶贫为"造血"扶贫

（2011年10月17日）

温家宝总理在第十届全国人民代表大会的政府报告中指出："要把发展职业教育放在突出的位置，使教育真正成为面向全社会的教育。"罗保铭书记在2007年提出：要把发展职业教育作为重要工作任务和重点惠民工程，做到"重点扶持，重点倾斜，重点发展"，使海南职业教育得到长足发展。旅游业作为我省主导产业，尤其是在建设国际旅游岛的大好时机下，需要更多的高素质旅游行业人才，旅游职业学校学生就业前景广阔。因此，我校积极响应号召，主动探索城乡职业教育合作办学模式，并取得了一定的成效，下面我们将具体做法与大家交流。

一、面向农村，开创"三段式"

我校自1998年以来，响应国家关于做好农村扶贫和农村劳动力转移的号召，建立了连锁分校，率先提出了"培养一名学生，扶助一个家庭，服务整个社会"的联合办学宗旨，充分利用我校的优质资源向县级职业学校辐射，带动农民脱贫。我校先后与临高、保亭、东方、琼中、白沙、乐东、昌江、五指山、屯昌共九个国家、省级贫困市县的职业学校联合办学，挂起了海口旅游职业学校分校的牌子，生源均来自农村及贫困山区。为了减轻贫困学生家庭经济负担，我校提出了分段办学的设想并付诸实施：第一段在当地学习，可减轻学生的生活负担；第二段到我校强化培训，可充分利用我校的软硬件设施提高专业技能；第三段将这些学生送往高星级酒店实习，可拓宽学生视野，提高就业平台。

为了扎实推进扶贫工作，实现"输血"扶贫向"造血"扶贫转换，我校成立专门机构，并由专人负责。具体做到如下几方面：

（一）带队伍。我校定期召开分校校长座谈会，构建相互交流管理心得的平台，将最新的管理思想和信息传递给各分校领导。每年组织校级领导到企业考察学习，反馈学生在实习岗位上暴露的问题和行业新信息。每年春节期间我校领导与各分校领导一同到实习点探望学生，给学生带去节日的问候。我校每年派出专业教师到各分校送教上门。分校生第二阶段到我校强化培训时，分校的教师也一同跟班学习。每年召开主题现场研讨会，对各分校的教师进行指导，使各分校教师在教育教学过程中所遇到的问题迎刃而解。经过我校培训的教师都能在当地分校成为主力军。至今，我校通过"传、帮、带"的形式为各分校培养了近180名干部、教师。例如，昌江分校陈保海老师现任德育处主任，琼中分校李让存老师现任德育处主任，白沙分校杨伟灵现任招生办主任，等等。

（二）扶学生。我校每年组织"讲师团"送教上门，主要是入学教育、行业养成教育和职业意识教育，以及礼仪讲座、普通话课、专业实操课等。我校专门安排教学能力和班主任工作能力最强的师资进行授课，并根据分校生在实习岗位中暴露的语言表达能力方面的问题，增加了语言表达方面的课程安排。分校生在我校学习期间通过参与学校各种教育教学活动，与我校学生互动交流，能很快融入我校这个大家庭，自信心也增强了。来自昌江分校的王东明在国旗下的讲话中说到，在总校不仅可以学到实在的技能，还可以锻炼吃苦耐劳的精神和提高"崇德敬业、勤学求真"的职业素质，在总校学习让他感受到社会在向他靠近，他珍惜每分每秒在总校学习的时间。

（三）抓质量。我校对分校生实行"两个统一"管理，一是德育模式统一，二是教学管理统一，突出德育质量管理和教学质量管理。为了统一学校德育管理标准，分校新生一入校，我校就安排校级干部、德育处主任、礼仪教师到各分校对学生进行为期一周的入学教育。教育内容有职业学校的特性、校园常规和课堂常规、礼仪礼节等。通过入学教育，明确要求分校生着装必须与总校统一，并从日常生活做起，规范要求自己，做到温文尔雅、彬彬有礼，其目的在于强化分校学生第一段的行为养成教育，以便保持"三段"教育的一致性。在教学管理中统一教学计划。对各分校的师资配置、教学场所、实习设备等进行考察，对达不到教学要求的，及时督促分校采取得力措施整改。我校还将优秀的校本教材提供给各市县分校，并送去新图书，让分校学生的学习内容紧跟总校的步伐。

（四）重"出口"。培训是基础，就业是目的。为了解决各市县职业学校农村学生的"出口"问题，我校积极面向市场及用人单位的需求，与行业、企业开展联合办学。目前，省内外不少五星级宾馆酒店都与我校建立了"订单培养"的关系。例如，上海唐宫酒店、海口文华酒店、三亚南山文化苑、三亚海航度假酒店、深圳丹枫白露酒店等。为了确保"培训一人，输出一人，就业一人，脱贫一户"目标的实现，我们坚持对实习生实行全程跟踪监测。我们及时主动了解每位学生的就业动向，力争使所有分校生都进入到规模大、管理好的企业和用人单位。并派出实习指导教师配合酒店进行为期十个月的跟班管理，随时协调处理学生工作中的有关事宜，为他们搞好维权等方面的服务，尽量使学生达到生活舒心、工作安心、心态稳定。

二、整合资源、成立集团

2005年10月，国务院颁布了《关于大力发展职业教育的决定》，提出"要积极推进体制改革与创新，推动公办职业学校资源整合和重组，走规模化、集团化、连锁化办学的路子"。我校大胆探索具有海南特色的集团化"三段式"教育新模式，为适应海南国际旅游岛建设的需要，以海口旅职校为龙头，于2008年9月27日正式成立了海南旅游职业教育集团。集团首批有42家董事会成员单位，除了省、市设有旅游相关专业的中职学校之外，还有海口、三亚、深圳、东莞等地20家高星级酒店及餐饮公司。海南旅游职业教育集团的成立实现了各成员单位的整体优化，提升了海南旅游中等职业教育综合实力，而且能全方位多元化地为海南现代旅游业服务、培养更多高技能、高素质人才。集团成立后，我们开展各种集团培训，如每年召开主题班会，组织集团成员单位进行运动项目比赛等。为各市县职教中心师资交流和学生就业提供了更多、更好、更高的平台。

三、职教扶贫、成效显著

目前，我校为各市县分校共培养了近5000名学生，毕业生大多分布在全国多家星级酒店、饭店工作，其中有上海唐宫海鲜舫、广东三正半山酒店、东莞喜来登酒店、海口文华酒店、三亚丽思卡尔顿酒店、清远索菲特丽豪大酒店、深圳潮江春酒楼、深圳丹枫白露酒店、深圳观澜湖高尔夫球会、三亚鸿洲埃德瑞度假酒店等，毕业生就业率高达100%。据酒店反馈，分校生服从酒店管理，工作勤快，吃苦耐劳，进步很快。目前已有近百名毕业生被提升为部长或主管。其中，东方分校2006届的卞维江在深圳潮江春酒楼担任楼面主任，2009届的符丽春、林二担任楼面部长；2007届的吴月琴在广东三正半山酒店担任西餐主管；白沙分校2008届张伟璇在深圳潮江春酒楼担任主任；琼中分校2009届王世星在上海唐宫海鲜舫担任楼面主任；2010届乐东分校的杨培在深圳潮江春酒楼担任咨客部长；保亭分校2011届的吉成宁和白沙分校的孙梦琪在深圳潮江春酒楼担任楼面部长，等等。

2003届临高分校生罗珠芬，现任海口喜来登大酒店客房部主管。珠芬家中有十一口人，生活十分拮据，全家都靠父亲微薄的工资生活，全家的期望都寄托在珠芬的身上。父亲说，珠芬从旅职校毕业后，变得听话懂事了，在家干活也很勤快，感谢学校的栽培，她才有了现在这么好的工作岗位，不但解决了家庭困难，也给弟弟妹妹做了榜样。珠芬每月给家里寄800元。弟弟妹妹用珠芬寄回来的钱买书、买衣服。如今家里租了1亩地种上了西红柿和辣椒，生活条件在一天天好转，像这样的例子还有很多。各市县分校学生走上工作岗位后，很多家庭已经买了地，购置了新电器。职业教育不仅解决了学生家庭的贫困问题，也给当地社会带来了经济效益。目前在当地形成这样一股风气，就是要想摘掉贫困的帽子，就必须鼓励家庭里适龄的孩子读职校学一技之长，教给他们脱贫致富的本领，让他们走出农村、走向城市，成为旅游行业的高素质人才。

"三段式"办学模式得到各市县领导的大力支持，各分校发生了巨大的变化，

学生人数逐年增长，从联办前的几十人发展到几百人，扩大了职教的办学规模，社会声誉也逐年提升。尤其是昌江分校，原来旅游专业仅30余人，开展联合办学后，学生人数达到90余人。如今各分校都建起了新校舍，干部群众感慨地说："要致富，学技术；要打工，读职中"，"扶贫，扶贫，最有效的是职业教育扶贫"。通过"三段式"办学模式的扶贫，我校的师资干部队伍也得到了提升。

  我校"三段式"办学模式是在省教育厅各级领导的高度重视和领导下，才取得今天的成效，并且得到了原教育部部长周济和国务委员刘延东的充分肯定。扶贫工作是一项重大工程，特别是在推进社会主义新农村建设中，更需要培养造就一批高素质专业人才，变"输血"扶贫为"造血"扶贫，使更多的贫困家庭靠专业技能谋生活，实现真正意义上的脱贫致富。

深化专业建设 推进内涵发展
打造特色鲜明的职业学校

(2012年3月9日)

近年来,在各级政府的大力支持下,我校从办"社会需要、人民满意"的中职教育的战略高度出发,积极优化专业结构,创新人才培养模式,不断提高人才培养质量,增强服务经济社会发展的能力,为学校的可持续发展赢得了主动权。2011年7月,我校被国家教育部正式认定为首批国家中等职业教育改革发展示范建设学校,这不仅是对学校办学成绩的肯定,更为学校未来发展指明了方向。

一、以特色办学为抓手,优化专业结构设置

我校紧扣国际旅游岛建设需求,以国家示范校建设为契机,在特色办学上下功夫。一是坚持"旅游特色"优势,优化专业结构设置,辐射带动其他专业发展。目前,"酒店服务与管理""中餐烹饪""休闲服务(高尔夫方向)""旅游英语"等四个专业已成为我校重点建设专业,并在全省率先开设了"游艇服务与管理""会展服务与管理"等新专业,形成了与国际旅游岛建设需求相适应的特色专业群。迄今为止,全校有三大类13个专业近5000名学生。二是立足专业优势,构建全方位、多层次的教育对外开放格局。提出"集团化办学"和"国际化办学"两个特色项目。2008年,我校作为龙头校,成立了有42家董事会成员单位的海南旅游职业教育集团。集团定期送教上门,免费培训,互动交流,实现了集团活动的常规化、多样化。2010年6月,学校和海口市旅游发展委员会与美国夏威夷KCC学院联合开办国际认证培训,是海南省第一所引进国外行业标准资格认定的中等职业学校。2011年,学校获准成为全省唯一一所设立留学生培训基地的中等学校。为我校深化国际合作办学打开了通道。从而使学校的办学资

源更加集中,优势专业更加凸显,办学特色更加鲜明。

二、以提高质量为根本,创新人才培养模式

我校积极推行"校企合作、校店合一、工学融合、产教并举"的人才培养模式。充分体现培养目标与企业需求对接、教学模式与岗位需求对接、课程体系与工作过程对接、理论教学与实践教学对接、专业教师与能工巧匠对接的"六对接"。2011年开始,开展了"校店合一"教学模式改革,酒店服务与管理专业、烹饪专业、旅游外语专业等参照企业管理模式组织运营,建立了"大拇指西餐厅""e点便利店""校园摄影棚""缔造美容美发室"等校店。"店"中服务人员全由学生担任,带班教师任经理,每周轮换,努力做到行业文化进校园、企业文化进课堂,营造"上学如上班,上课如上岗"的职业氛围。同时,我校进一步推进学历证书、职业资格证书并重的"多证书"制度,每年学生"多证"取得率均在90%以上。完善职业学校开展技能训练和竞赛活动制度,倡导"学中做,赛中练"。学生在各级各类比赛中获得国家级奖项20个、省级奖项100个。2011年6月,在全国技能大赛中我校食品雕刻获得了一等奖,实现了我省在这一项目上金牌零的突破,也是我市在全国技能大赛上的首个一等奖。

三、以教学改革为重点,完善课程体系建设

我校实行的是完全学分制,建构了"必修课、选修课、活动课"三课并举的课程模式。坚持"文化课为专业基础课服务,专业基础课为专业课服务,专业课为市场服务"的课堂教学理念,构建以培养良好职业道德为首位,以培养突出职业能力为主线、以工作过程为导向的课程体系。初步制定了《海南省中职学校酒店旅游服务与管理专业建设标准》,重点打造精品课程,有计划地组织编写精品教材。近三年,学校自主开发了特色课程67门,研发校本教材17本。我校教师主编或参编的《旅游服务礼貌礼节》《客房服务》《旅游情境英语》《酒水服务》《会议服务》《导游操作实务》《旅游地理》等中等职业学校课程改革规划教材,由旅游教育出版社、铁道出版社正式出版发行,并在全国各类旅游院校

中使用。

四、以社会需求为导向，改善实践教学条件

加强实训、实习基地建设是职业院校改善办学条件、彰显办学特色、提高教学质量的重点。本着建设主体多元化的原则，我校积极探索实训基地建设的校企组合新模式。几年来，各级政府、香港言爱基金会，唐宫（中国）控股有限公司、深圳潮江春餐饮管理有限公司、广东三正集团有限公司等合资企业投入近2510万元，共建有59个15 000平方米的装备齐全、环境优越的实训室，做到了"教学实训一体化、实训作品产品化、教学环境企业化、教学过程工作化"。此外，我校还有岛内外实习基地34个，充分保证了学生实践能力的提高。同时，积极参加行业组织的各类竞赛及相关活动，利用行业协会专业性强的优势，促进职业学校师生综合素质的提高。我校是教育厅认定的酒店管理职业教育实训基地，是海南省烹饪协会、海南旅行社协会、海口酒店协会等的成员，以及海南省烹饪协会琼菜研究中心。学校实训基地已实现集团资源共享，成为海南省旅游人才培养的共享基地。

五、以专业教师为核心，提升师资队伍素质

我校把建设素质优良、结构合理、专兼结合、特色鲜明的教师队伍作为提高教育教学质量的关键，实施"名校、名师、名专业"战略，依托校企合作优势，搭建校企师资互动平台，坚持"培养、引进、聘任、互动"的方针，形成行业专家参与教学、专业教师到行业锻炼和开展社会服务的良性运行机制。通过重点实施"骨干教师培养工程"、支持教师考察学习和交流培训，进一步完善职业教育岗位培训，实施"双师型"教师的引进，建立专业教师到企业实践制度。通过开展新任教师培训、师带徒、教学节、行业技能比赛等活动，全面促进教师专业提升。同时，大力完善师德考评奖励制度和绩效工资分配制度，建立健全公平、公正、合理的考核奖惩制度。目前，我校有教师238名，具有中级专业技术职称或高级职业资格证书的老师共有82名，其中"双师型"比例为91%。具有学士或

硕士研究生学位的老师有 6 名,学校高级职称的老师 75 名。大部分教师具有开发校本课程能力,有两门课程以上授课能力的专业教师比例为 98%。近三年来,我校共派出 7 名老师出国学习和培训,40 余名教师参加专业骨干教师省级培训,7 名教师参加专业骨干教师国家级培训。近年来,酒店服务与管理专业、烹饪专业、美容美发专业的教师在国际、国家、省级专业比赛中获奖约 62 人次,在省内同行中起到了引领作用。

在省、市主管部门的具体指导下,我校通过加强专业建设,推进内涵发展,彰显了学校办学特色,提高了人才培养质量,招生和就业率均名列全省前列,得到了社会各界的普遍认可。我们期望通过国家级示范学校的建设,能进一步提高学校教育教学质量和综合竞争力,为国际旅游岛建设培养更多优秀的现代服务业人才。

服务民生，服务社会　为国际旅游岛建设而努力

（2014年3月）

2009年海南国际旅游岛建设上升为国家发展战略。面对时机，我校本着解决民生，服务社会的办学指导思想，抓住机遇，乘势而上，借助国家改革发展示范校建设的机遇，夯实基础，增强内涵，提高了为社会服务的能力，加大对地方经济的服务，加大对区域同类学校的示范和引导，为区域经济的发展做出了努力。我校被誉为"椰城职业教育的明珠""南国旅游人才的摇篮"和为海南高星级酒店输送基础服务人员的"黄埔军校"。

创新模式，促进城乡职教协调发展

我校深入贯彻落实科学发展观，在省委省政府提出"重点支持、重点倾斜、重点发展"职业教育的大好形势下，我校率先开展扶贫教育。本着"培养一名学生，扶助一个家庭，服务整个社会"的宗旨，利用自身的优质资源向县级职业中学辐射，积极扶持农村贫困地区的职业教育，帮助贫困学生、家庭脱贫致富。创建了具有海南特色的"三段式"培养模式，即"一年在农村职业学校学习，一年在城市职业学校学习，一年在企业顶岗实习"。我校先后与保亭、东方、白沙、五指山、昌江、屯昌等9个贫困市县的职业学校联合办学，挂起了海口旅游职业学校分校的牌子，生源均来自农村及贫困山区。据不完全统计，几年内，我们为9个市县培养了2042名毕业生。我校的规模也从3000人增至近5000人，各市县职业学校的规模也不断扩大，学生及其家庭也受益颇多。过去这些学生的家庭一年收入只有两头猪钱，家长一辈子没有见过1万元。现在，学生从实习期开始就可以寄钱回家，家庭收入一个月就能超过两头猪钱。不仅帮助家庭快速脱贫，也给当地社会带来了经济效益。当地干部群众都流行"读完初中读职中，打工致

富一路通"的说法。"三段式"培养模式被老百姓评为海南建省二十周年十大民生亮点之一。

城乡统筹，服务职教城乡一体化

实现新型城镇化、城乡一体化，是党的十八届三中全会做出的重要部署。发展职业教育，就必须坚持教育功能和社会责任的统一，以服务求支持，以贡献求发展。而且省委书记罗保铭也做出"保持政府投入，提高质量水平，使海南职业教育越办越好"的重要指示。为此我校在原有的基础上大力推进城乡职业教育统筹发展，为城乡一体化服务，在城乡统筹发展中起到一定带动作用。

面向市县。我校充分发挥骨干专业的辐射和带动作用，通过同类专业之间的结对、交流、帮扶及资源共享等多种形式，以骨干专业建设为引领，全面带动、帮扶海南薄弱中职学校的教育教学改革。

我校制定了《海南省中职学校酒店服务与管理专业建设标准》，把教学模式、德育管理及专业建设标准全面移植到所有联办分校，在市县联办分校中统一了教育教学标准，保证了学生的培养质量，为联办分校培养了165名干部及150名教师。例如我校按照上述专业标准援助白沙县中等职业技术学校建设西餐实训室，2013年该校学生突破性荣获全省职业技能大赛西餐项目三等奖。

我校还对市县的行业发展进行服务，与东方市旅游委签订合作协议，开展了东方市全市旅馆从业人员培训。

面向农村。我校积极开展面向农村的各种职业技能培训和技能鉴定。建立了社会培训机构——海口旅游教育培训中心，近三年来开展培训、鉴定，参加者超过上万人次。

"小康不小康，关键看老乡"。我校与海口市美兰区政府就农村职业技能人才培训、劳动预备制培训、职业技能鉴定及促进农村经济发展等开展合作，建立起了美兰区农民就业培训基地，赠送了10万元的酒店专业用品。我校利用优质资源开展多种农民转岗转产培训，使农民朋友"不出村，不出户，照样创业与致富"。

德育立校，弘扬社会主义核心价值观

建校20年来，我校一直弘扬社会主义核心价值观，坚持立德树人、德育为先的育人理念，坚持德育的绝对主导地位，提炼出了"八化德育"，即德育目标具体化、德育内容主题化、德育途径多样化、德育管理制度化、德育队伍专业化、德育体系网络化、德育科研全员化和德育评价标准化。通过"八化德育"来实施学校的德育培养方案，即一年级入轨教育，二年级定型教育，三年级成熟教育。德育工作以职业道德教育为重点，以养成教育为根本，以文明礼貌为抓手，化解了德育难题，培育学生的社会主义核心价值观和职业德育，为社会培养热爱祖国、遵纪守法，具有社会公德、文明行为习惯的公民以及报效祖国、积极进取、诚实守信、敬业乐群、具有社会责任感和创新精神的技能型人才。比如：2008年我校奥运班学生参加北京奥运会鸟巢服务活动，以良好的职业道德和职业技能赢得奥运会金牌服务的赞誉。李红同学被评为全国"三好学生"。2013年刘茗早同学代表海南省参加全国五好小公民演讲比赛，获得全国二等奖的好成绩。莊晓天、王洁纯同学被评为海口市"美德少年"。李志昆副校长被评为"全国德育先进个人"。洪涌副校长、陈泳娥老师被评为"海口市十佳师德标兵"。

我校坚持以科研促德育，连续15年参加国家级"和谐德育"课题研究，是海南省参加此项德育课题时间最长的学校。我们通过德育科研促进学校管理，促进师资队伍提升。洪涌副校长、冯浪副主任被评为全国"百名德育名师"。

我校荣获"全国中小学德育工作先进集体""百所德育科研名校""全国青年文明号""全国中等职业学校德育工作先进集体""百所德育示范学校"等荣誉；2013年又被评为全国"五好基层关工委"先进集体，是海南省唯一获此殊荣的职业学校。

提升内涵，加强学校的示范带动作用

在国家"大力发展职业教育"及海南省国际旅游岛建设的大好形势下，学校抢抓机遇，于2011年被认定为首批"国家中等职业教育改革发展示范学校建设

计划"项目建设单位。我校以"示范校创建"为抓手,以"内涵提升"为目标开展示范校建设工作。在两年建设周期中,实现了新发展、新跨越,提升了办学的内涵,成为首批"国家中等职业教育改革发展示范校",为区域职业学校起到了示范和带头作用。

提升内涵,高质量服务区域发展。采取"学历+培训"的模式,为国际旅游岛培养了一大批实用型人才,两年培养毕业生2912人,成为区域经济社会又快又好发展的助推器。与东方市等市县政府合作,开展行业企业人员再培训。全面服务区域经济发展,为区域经济建设提供不可或缺的人才支撑。

辐射带动,大力度促进城乡职教统筹。率先制定了《海南省中职学校酒店服务与管理专业建设标准》。两年内投入40万元,在合作分校统一了德育标准,统一了专业建设标准,统一了教学要求,有效地提高了市县职业学校的发展活力,在城乡职教统筹中起到带动作用。

引领探索,多结合推动行业发展。我校与海南省烹饪协会、海南省文化遗产研究会、南海网联合,建立琼菜文化研究中心,挖掘"琼菜"文化,出版《海南滋味》一书,首开网络"美食讲堂",与龙泉集团合作推出"琼菜"二维码,建起了琼菜的实践基地,有五位老师被评为"琼菜"名师,一定程度上引领了烹饪行业的创新。

此外,我校还打造了公共课与专业要求融合、专业课与岗位要求融合、德育与教学内容融合的"三融合"课堂,符合中央提出的职业教育"三对接"的精神。学校被海南省烹饪协会授予"海南省烹饪餐饮职业教育最佳成就奖",被评为海南省2011年、2012年度普通中等专业学校毕业生就业工作优秀单位,荣获全国"巾帼文明岗"。

今后学校的发展方向,重点是继续创新职业教育模式;建立职业教育人才培养模式,建立"立交桥",打通从中职、专科、本科到研究生的上升通道;深化专业设置与产业需求、课程内容与职业标准、教学过程与生产过程"三对接",从而更好地服务社会,为国际旅游岛建设做出更大的贡献。

突出"五个融入" 重在管理实效

——海口旅游职业学校培育社会主义核心价值观的实践与探索

（2014年12月）

党的十八大提出培育和践行社会主义核心价值观的根本任务，倡导以"富强、民主、文明、和谐，自由、平等、公正、法治，爱国、敬业、诚信、友善"为内容的社会主义核心价值观。这"三个倡导24个字"凝练了国家的价值目标、社会的价值取向和公民的价值准则，"这是个人的德，也是一种大德，就是国家的德、社会的德"。这就要求把社会主义核心价值观融入学校的各项工作，教育引导学生扣好人生的第一粒扣子。多年来，我校坚持德育为首，立德树人，在推进社会主义核心价值观的工作中，形成了"五个融入"，并取得了一定成效。

一、融入教育教学，打造富有价值课堂

课堂是教育教学的主渠道，我校把社会主义核心价值观有关内容有机地寓于教学的内容和教学的过程中，教育引导学生掌握主要内容，坚定信念，增强民族文化自信和价值观自信。

1. 推动"三融课堂"

我校的教学活动要求教师不仅教书，更要育人。今年我们推动"文化课与专业课融合，德育与教学融合，专业与行业融合"的"三融"课堂建设，使德育与智育、体育、美育及技能训练等有机融合、彼此渗透、密切协调，促进学生全面健康成长。学校自编的早读教材，与中国传统文化相结合，让学生在诵读中领悟，在领悟中提升，感知古典文化的魅力。

2. 采用"校店合一"的教学模式

我们结合各专业特点，采用"校店合一"的教学模式，在酒店服务与管理、

烹饪、计算机、商品经营等专业参照企业管理模式组织运营，建起了"大拇指西餐厅""e点便利店""校园摄影棚"等校店。"店"中服务人员全由学生担任，由带班教师任经理，每周轮换。校店的岗位为学生提供了践行核心价值观的真实情境和场景，遵纪守法、诚实守信、爱岗敬业、认真负责已经不是抽象的道德要求和空洞的道德说教，创新精神、竞争意识、团队意识能够在日常工作中时时运用。道德教育在特定职业实践的真实情境中进行，环境的德育功能得到充分体现，容易激发学生自身对道德的需求，从而唤醒学生的潜力，促使学生产生自动自觉践行核心价值观的力量，使核心价值观的培育更加有针对性。

3. 开展有序的教育活动

我校坚持每学期—每月—每周—每日的主题活动。每个教育月都有相应的主题教育活动。如3月份"文明礼貌教育月"的学雷锋活动，文明教室、文明之星评比；4月份"爱校教育月"的学校招生宣传实践工作；5月份"青春理想教育月"的班际大合唱、技能大比拼；6、7月份"诚信、法制安全教育月"的法律进校园，安全疏散演习；9月份"学规范用规范教育月"的军训、入学教育；10月份"爱国爱校教育月"的演讲比赛，新团员发展会；11、12月份"健康审美教育月"的书画比赛、校园十大歌手、班际文艺会演、元旦联欢、游园等。学校每周还有学生服务周实践，培养学生的服务意识和实践经验；每日有学生值勤，培养学生的示范、服务和管理意识。在一系列的主题活动中，学生增强了社会责任感，培育了积极向上的价值取向，塑造了健全高尚的人格。

二、融入校园文化，营造浓厚育人氛围

好的校园文化，如兰芷之室，对学生的价值观培育具有不可估量的作用。我校运用各种校园文化形式，表现社会主义核心价值观的深刻内涵和精神实质，把社会主义核心价值体系转化为有益于师生健康成长的精神信仰、行为意识和价值取向，促进社会主义核心价值观的培育和践行。

1993年学校建立之初，就提出"德育为首，立德树人"的理念。21年来，学校文化由浅入深，由表及里，形成独特的精神文化、制度文化、物质文化、活

动文化四个层次。精神文化是主线，由内而外，由上至下，是贯穿学校文化各层次中最稳定的部分，是贯穿我校21年乃至今后办学的最恒定的活水源泉。它们之间保持稳定性、一致性和协调性，体现了文化与育人的结合，学校与行业的结合，传统和时代的结合，继承和创新的结合。如我们的校训"崇德敬业、勤学求真"和学校精神"合作、奉献、精细、引领"，就是学校核心价值的体现。还比如在学校中心广场创设了"星光大道"，以榜样鼓舞引领同学，体现我们以学生为首、以学生为本的育人理念。为了形成立体的宣传教育阵地，我们利用校园的"一报一网一窗一墙一屏一杆一场"，即校报、网站、宣传橱窗、文化墙、电子屏、旗杆及广场等媒介进行宣传，渗透学校的价值取向，树立榜样，宣传典型，寻找身边的好人好事，以典型引路，让典型成为师生学习的榜样。通过形式多样的视觉冲击，让全体师生受到感染，得到启迪，培育了社会主义的精神追求及价值取向。

在连续两年开展的海口市"美德少年"评选活动中，我校先后有莊晓天同学获海口市"十佳美德少年"的称号，王洁纯、孙书玲、黄磊等同学获得海口市"美德少年"的称号，陈宏同学获得海口市"美德少年提名奖"。

三、融入社会实践，建立多元育人模式

实践出真知。社会主义核心价值观的培育和践行，实践活动是必需的、有效的载体。学生在丰富多彩的实践活动中与他人、与社会等产生各种关系，社会主义核心价值观在学生中得到体验，受到教育，形成意识和信仰。

1. 抓好校外实训实习环节

实训实习是职业学校教育教学重要的组成。我校充分抓住实训实习中学生与社会、与生产、与岗位实践密切接触的机会，在技能训练中强化社会主义核心价值观实践教育，加强道德品质和文明行为教育，培养学生以诚信、敬业为重点的职业道德，践行社交礼仪、职业礼仪，提升学生的道德素质和综合素养。每年学生实训实习，我校都在每一个点派驻实训实习指导老师，24小时跟班对学生进行管理和教育，在思想上指导、道德上引导、工作上协调、生活上关心。我校做足

实训实习前教育,包括思想教育、道德教育、心理辅导等。我校制定相关的实习纪律、要求及奖励制度。在实训实习中加强对学生的职业人格和职业素质培养,使学生体验与社会、企业环境相接触的过程。同学们"在学中做、在做中学",真正融入社会和企业的真实环境中,真正做到体验、学习、锻炼一体化,把社会主义核心价值观内化为具体的行动。学生因此受到用人单位的肯定和好评,供不应求,每年就业率达97%,我校多次被评为海南省实习就业工作优秀单位。

2. 开展在校道德实践活动

作为社会主义核心价值观教育载体的德育实践活动在我校更是丰富多彩。

坚持传统德育活动的组织,丰富学生体验,实现育人效果。每年组织奋斗的青春最美丽论坛、文化艺术节、技术节、合唱节、运动会、校园十大歌手、迎新年游园或班级联欢、五四和一二·九新团员发展、18岁成人礼、班级拔河或篮球比赛、迎国庆演讲比赛、朗诵比赛、进步之星评选、学生干部竞岗、国旗班及礼仪队选拔等传统德育活动。通过活动拓展了德育途径,丰富了德育内容,学生乐于在活动中展示、锻炼、体验、感悟,实现育人的目的;通过师生共同组织、安排、策划校园活动,活跃了校园文化生活,给学生提供了发挥特长的机遇,增强了学生的自信心,实现了社会主义核心价值观的培育,达到了育人的效果。

积极组织学生参与社会实践,接受社会检验,提高综合素养。社会实践活动是学生素质培养和检验的重要途径,为了培养学生良好的职业素质和职业特性,我校始终坚持把学生置于一个充满行业气氛的环境中,认真组织各种社会实践活动,让学生在实践中增长见识,接受检验。组织每次活动,都做到活动前按一定的德育目标要求进行动员,活动中有督促和检查,活动后有总结提升,有始有终。在严格管理、严格要求的同时,更看重的是社会实践活动中所蕴含的德育内容,让学生领会实践活动的意义,认真总结活动的得与失。2008年北京奥运会和残奥会、全国青年迎青奥长跑、博鳌亚洲论坛服务、北京APEC会议服务等在省内外举行的各项大型社会活动中有我校学生文明、优雅的身影;在现代化的厂房里有他们勤学、敬业的风范;在人流如梭的超市里有他们热情好客的笑容……学生们的出色表现,赢得了社会各界的尊重。我校志愿者服务队伍更是长年在社区、街道开展服务活动，同学们到哪儿都能成为一道亮丽的风景线，成为奋斗青春代言人，成为社会主义核心价值观代言人。

四、融入制度建设，建立立德树人工作保障

社会主义核心价值观的培育和践行需要有制度的保障，我校把核心价值观内容渗透在制度建设中，使之成为校园师生的职业道德和行为规范。我们出台各项配套制度和措施，确保社会主义核心价值观培育和践行得到顺利推进和开展，德育实效得到提升。我校的制度建设日臻完善：班级管理的有《学生日常行为规范量化考核办法》《班级卫生月考评细则》等，实践活动的有《校值勤工作方案》《学生参加实践活动实施方案》等；行为规范的有《海口旅游职业学校校园常规》《海口旅游职业学校课堂常规》等；实训实习的有《海口旅游职业学校学生实习纪律》《海口旅游职业学校学生实习管理办法》等；社团活动的有《学生会常规管理条例》《国旗班管理办法》等；生活服务的有《公寓住宿楼管理条例》《文明宿舍评比办法》等；评优奖励有《海口旅游职业学校学生奖励条例》《团委及学生会优秀干部评选办法》等。这对培育师生社会主义核心价值观应该做什么、不应该做什么都做出了具体的规定，提出了明确的要求，使师生在遵守规章、落实行动、实现目标的过程中做到心中有形象，行为有标准，管理有制度，学生生活有目标。如我校的《5s管理法实施方案》，把企业优秀的5s管理制度引进校园，引进到实训室和班级管理，就是为了培养学生的专业习惯、职业意识和敬业精神。通过这一制度的实施，学生的日常行为得到了规范，良好的职业习惯得到养成，职业素养和道德品质得到提高。

五、融入研究传播，形成核心价值观推广常态

学校社会主义核心价值观的培育和践行需要加强研究和宣传。我校不仅在各项科研工作中融入核心价值观内容，而且广为宣传，辐射带动。

1. 开展德育课题研究

我校坚持德育科研，不断规范和提升了学校德育思想、管理理念，提高德育

实效。我校从1996年开始连续不断参与"九五""十五""十一五""十二五"国家德育课题研究,承担课题实验,成果丰富,多次获得"先进实验校"称号,并先后荣获全国教育科学"十五"规划国家重点课题"百所德育科研名校"、中国伦理学会德育专业委员会"十一五"规划重点课题"百所德育示范学校"等称号;每阶段都有多项(篇)成果获奖。据统计,2007年至今,我校就共有132项(篇)德育科研成果获奖。我们不断地总结和提炼我校多年来较为科学合理的德育教育经验,结集了《班主任工作指导与管理手册》《学生生活指南》《班主任话细节》和《德育故事读本》四本德育校本教材。经过不断探索、实验和创新,形成了我校独具特色的"八化德育",即德育目标具体化、德育内容主题化、德育途径多样化、德育管理制度化、德育队伍专业化、德育体系网络化、德育科研全员化和德育评价多元化,促进学生思想政治素质提高和行为规范养成;构建了以加强职业道德意识和职业能力、培育社会主义核心价值观为主要内容的学校德育体系,使德育工作取得了显著成效。

2. 运用新媒介传播

为了扩大社会主义核心价值观的传播,我校开通了微信公众平台开展"核心价值观就在身边,我为核心价值观代言"活动,主要活动有:(1)核心价值观就在身边。发动广大师生和团员青年,积极寻找和发现身边体现核心价值观的人和事,通过视频、拍照、笔记、口述等形式上报校团委。校团委通过微信公众号进行宣传。(2)我为核心价值观代言。发动学生通过自拍照、编写"价值观体"文字等形式,上交校团委。校团委通过微信公众号进行宣传。如:我是1421班王圆圆,敬业,就是每次做卫生都要起到身先士卒的作用,认真检查每一处角落,保证校园整洁美观。我为核心价值观代言!又如:我是信息中心的王式锦老师,友善,就是热情为每一位老师和同学做好维修服务。我为核心价值观代言!

我们利用学生普遍喜爱的微信这一新媒介,引导学生发现身边体现核心价值观的人和事,担当社会主义核心价值观的"青春代言人",做有志、有为、有识、有德青年,以自己的行动践行着社会主义核心价值观,在不同的工作岗位上实现着自己的人生价值,并广为传播,为学校凝聚青春正能量。

3. 发挥辐射带动作用

我校是海南旅游职业教育集团的龙头学校，我们发挥龙头校的优势，把社会主义核心价值观教育辐射到集团成员分校，带动成员分校德育工作快速提高。我校充分发挥龙头校的德育优势，帮扶成员分校，通过辐射和带动，使各成员分校的德育思想、管理目标越来越统一，学生的职业意识、职业道德与职业能力的培养成效也越来越好，分校学生由我校派送到深圳、上海等地实习就业，很受用人单位欢迎。如我校在各分校统一德育目标、德育管理模式、德育标准要求，协助各分校进行入学教育、召开现场会、家长会；开展争先创优工作；加强教师队伍的继续教育，要求各分校送教师和德育管理工作者到我校跟班学习；每年、每学期通过送教上门、举行集团年会、进行表彰奖励等多种形式，确保集团内分校德育目标、德育管理、德育标准、德育要求的连贯性和一致性。

培育和践行社会主义核心价值观，加强内涵建设，培育高素质的技术技能型人才，是育人的核心本质。我校通过"五个融入"，依托行业，融合产业，彰显专业特色，贯彻德育为首、立德树人的思想塑造学生人格。21年来我校德育工作取得了显著成绩，德育处2007年荣获"全国青年文明号"；2008年奥运班被北京奥组委授予"北京奥运优秀志愿服务集体"；2009年荣获全国教育科学"十一五"规划重点课题"加强中职德育制度建设的研究与实验"的"先进实验学校"称号；多次被评为"海口市优秀志愿服务集体"；2010年被评为"中等职业学校全国德育先进集体"，李志昆副校长被评为"全国德育先进个人"，李虹同学被评为"全国三好学生"；2012年荣获中国伦理学会德育专业委员会"十一五"规划重点课题"百所德育示范学校"称号；2013年荣获全国五好基层关工委先进集体；2014年被确定为国家中等职业教育改革发展示范学校。

全国职业教育工作会议提出加快发展现代职业教育的历史任务。我们将在党的十八大精神的指导下，认识新常态，适应新常态，推动新常态，继续践行和培育社会主义核心价值观，为中国梦的早日实现做出贡献。

突出特色　强化管理　提升人才培养质量

（2015年1月）

多年来，我校认真贯彻落实国家、省、市政府关于大力发展职业教育的决定精神，坚持正确的办学方向，主动适应经济发展，深化产教融合、校企合作，创新教育教学模式，提高了人才培养质量，提高了学校的知名度、信任度、美誉度。2014年学校被确定为首批"国家中等职业教育改革发展示范学校"。

一、战略定位——明方向

海南国际旅游岛建设要打造成有国际竞争力的旅游胜地，形成以旅游业为龙头、现代服务业为主导的特色经济结构。为此，我校的战略定位是紧紧依托龙头产业，服务于产业，办特色专业，培养旅游行业人才。坚持做到两个面向：面向现代服务业产业，做专、做精、做强与旅游行业相关的专业，建立了旅游、餐饮、信息商贸三大专业群，注重规模、质量和效益的平衡发展；面向海南职业教育，以集团化模式，搭建平台，主动服务，引领和促进海南旅游教育的均衡发展。在引领的动力下学校的管理水平、服务能力和育人质量得到了提升。

二、德育为先——夯核心

学校始终把立德树人作为教育的根本，培育和践行社会主义核心价值观，形成了独具特色的"八化德育"，教育引导学生扣好人生的第一粒扣子。

德育目标具体化：一年级侧重学生行为规范养成；二年级侧重学生良好人格与能力的培养；三年级主要是学生就业与创业发展教育。德育目标贴近生活，小处着眼，讲求实效。

德育内容主题化：我校把德育内容贯穿在常规中、体验在活动中，落实在生活中。开展每月一主题，如"文明礼仪""诚信守纪安全""思源感恩"等系列主题教育。

德育途径多样化：我校通过"课堂渗透、文化熏陶、实践强化、家校共建"等多种途径育人，实现学生思想教育无缝对接。

德育管理制度化：德育管理出实效，先后出台了53项德育管理制度，做到人人"心中有形象，行为有标准，学习有目标，管理有制度"。

德育队伍专业化：组成了校长、德育副校长、德育处、团委、体艺卫处、关工委、家长学校和班主任队伍、宿舍管理小组、学生会层层负责、分工合作的梯队式德育管理队伍。

德育体系网络化：一级网络是德育主体工作者，二级网络是全体教职员工，三级网络是家长、法制副校长及实践企业。

德育科研全员化：学校坚持全员参与德育科研，出成果，出名师，创名校。20年来连续参与国家德育课题研究，获评"百所德育科研名校"和"百所德育示范学校"；近几年共有132项（篇）德育科研成果获奖，出版发行《加强中职德育制度建设研究与实验》《德育工作手册》《德育学习读本》等德育书籍。

德育评价多元化：运用多元智能理论，评价反映学生成长过程，把操行量化、评语分析、活动颁奖、综合评优四大德育评价贯穿在日常学习生活中。通过日查、周结、月总、期评促进学生的职业道德和行为养成。

三、创新模式——强内涵

我们构建了"校企双主体、工学两结合"的人才培养模式。通过校企合作实现了企业融入教育，组建了3个主干专业的专家指导委员会，校内建立了"大拇指西餐厅"实训基地，校外有30多家长年的稳定的实训基地。校企开展深度合作取得了一批成果：编制《海南省中职学校酒店服务与管理专业建设标准》，建立"琼菜研究中心"，开发了8门精品课程和20种专业教材，编制了114门课程标准，提升了整体工作能力，实现了学校教育效益和企业人才效益的统一。

我们首创了"三融课堂"教学模式,并开始了三年的课堂改革行动计划,这一改革的探索和实践得到省教培院、市教研院专家的指导和认可。

四、文化引领——强素质

文化是学校的软实力。我们学校文化重培育、重积累、重引导、重生成,形成独特的精神文化、制度文化、物质文化、活动文化四个层次。校训"崇德敬业、勤学求真"和学校精神"合作、奉献、精细、引领",就是学校核心价值的体现。我们在校园的中心位置建设了"星光大道",以优秀师生的榜样鼓舞引领全体师生。物质文化方面我们打造"酒店花园式"校园,以象征海南的蓝绿为主色调,确定"一校三区四园"的格局,校园里的"马踏飞燕"等各种设置充满了旅游职业教育的气息。我们的技术节、艺术节、礼仪操比赛等文化活动,提高了师生文明程度,陶冶了情操,形成和谐有序、充满活力的精神风貌。出版了《打造海南旅游文化的摇篮》作为全校师生系统学习、宣传学校文化的教材,力求打造心态阳光、学习快乐、工作幸福的校园、家园。

五、精细管理——保实效

管理是一个包罗万象的大系统,学校管理亦然。因为细节决定成败。

精细,从完善制度入手。我们组织力量修订了学校制度,编印了《管理制度汇编》,共涉及各个方面制度169项,厘清了职责,明确了要求,如小到学生的着装、发型、指甲等都有明确的规定。

精细,从日常管理落实。在教学管理中,我们每学期开展"三本三查"即开学、期中、期末检查备课本、听课本和作业本;每天班日志记录课堂情况,每节巡堂即时反馈。在德育管理中,我们把"说、管、练、评、议"德育五法贯穿到学生日常管理中。我们引进先进的企业管理模式——源全5S管理,在班级管理、实操教学中实施。通过培训、实践、考核等把5S管理要求融入师生的教与学活动。编印了《实训室5S管理手册》供师生学习实践。通过精细管理,培养师生良好的职业作风和职业行为。

六、追求卓越——提质量

质量，是我校办学的生命线。我们的培养质量，来自我们对办学质量的卓越追求。

打造品牌。我们致力于打造品牌专业和品牌教师。对于酒店管理专业我校通过请进专家、走进大学、参加大赛、走进行业、研究课题来打造品牌。该专业是我省中职学校第一个实施"3+4"中职、本科一体化培养的专业。全国职业教育先进个人潘雪梅被选拔建立海南第一个酒店管理专业工作室。该专业学生代表海南参加全国技能大赛取得优异的成绩。学生不断参加社会高端服务，多次参加博鳌亚洲论坛服务；参加北京奥运会鸟巢服务，赢得奥运会金牌服务的赞誉；2014年我校学生参加了北京 APEC 会议国宴服务。对于烹饪专业我们通过科研、服务、大赛促品牌，该专业年年成为热门报考专业。

抢占高地。我校抢占就业高地和发展高地。（1）我校严格把好学生的实习就业关，实现学生高质量实习与就业。每年就业率达 97%，个别专业一次性就业率达 100%，学生供不应求。（2）我校拓宽国际化办学，继和美国夏威夷卡皮欧拉尼社区学院合作之后，又与台湾高雄餐旅大学、新西兰北方理工学院签订了合作协议，并与瑞士洛桑酒店管理学院进行了积极的合作洽谈。开放办学，提升了学生竞争力。

引领行业。我校积极整合资源，与省烹饪协会、《海南日报》、南海网、龙泉集团等合作成立琼菜研究专门团队，建立琼菜研究中心，挖掘"琼菜"文化，出版《海南滋味》一书，首开网络"美食讲堂""产学研训授"一体化培养烹饪人才。打造的"海南滋味宴"被省烹协评定为"海南名宴"。在引领海南烹饪行业发展方面起到了积极的作用。我校教学成果《基于琼菜饮食文化传承的烹饪人才培养模式的创新研究》获得 2014 年国家教学成果二等奖，我校是海南中职学校中唯一获奖学校。

感谢各级政府的大力支持、社会各界的热心关爱。海南是催生教育改革的一方沃土，是它激发了我校师生不断超越的热情和能量。学校先后获得了"全

国教育系统先进集体""全国青年文明号""全国中等职业教育德育工作先进集体""全国五好基层关工委先进集体""全国巾帼文明岗"等荣誉。

  2015年是落实全国职业教育工作会议精神的重要一年，我校将秉承追求卓越的精神，再接再厉，办人民满意的职业教育，助推国际旅游岛建设，为"中国梦"的早日实现尽一份微薄之力。

| 第一部分　办学经验交流篇 |

文化入校　文化立校　文化强校

——海口旅游职业学校优秀传统文化教育经验交流

（2015年8月）

中华民族传统文化源远流长。优秀的传统文化是文明的源泉，是宝贵的历史遗产，是我们民族复兴的历史支撑。习近平总书记近期对继承发扬中华优秀传统文化发表了一系列重要讲话，不仅反映了中央对文化建设的高度重视，而且彰显了其以文化助推民族复兴的坚定决心。我们海南要建成绿色、文明、和谐的"国际旅游岛"，除了依托海南得天独厚的环境优势、地理优势，更要提升文化内涵和人文素养。在这样的大背景下，我们提倡开展中国传统文化教育是非常必要的，是恰逢其时的。那么，如何让优秀的传统文化在学生心中生根发芽、结出累累硕果，是值得每一位教育工作者认真思考的问题。

我校作为海南旅游职业教育的先行者，在22年的职教实践和探索的过程中，不断汲取民族传统文化的养分，结合新时代的精神、结合旅游行业的需求、结合中职学生的特点，把优秀传统文化融入教育工作的方方面面，让学生在多元体验中将传统文化内化入耳、入脑、入心，真正达到了以文化人、以德育人的目的。下面我就从文化入校、文化立校、文化强校三个方面来说说我们的做法与心得。

文化入校——好雨润物细无声

文化入校，是根据实际需要对传统文化进行辩证选择、提炼物化，让优秀传统文化深入浅出地引领学校精神、遍布校园角落，像春雨滋润万物一般润养学生，使他们内修职业精神，外显职业形象。

中华传统文化兼容并包、博大精深。我们该让学生们学什么？百家之言一把

抓吗？显然这是不科学、不实际的。所以文化入校的关键，在于对传统文化应该如何选择、如何提炼、如何继承。我们应该在内容上取其精华，去其糟粕；要结合时代精神推陈出新，古为今用；还要坚持从实际出发，从职业教育的角度出发，让优秀传统文化适我所用。

　　职业学校是培养职业人的地方。传统文化要求职业人要敬业奉献、诚信勤勉等，这些在我校的精神文化上都有所体现。我们的校训是"崇德敬业、勤学求真"，学校精神是"合作、奉献、精细、引领"，这都是传统文化与职业育人的结合，是学校与行业的结合，是传统和时代的结合，是继承和创新的结合。学生们刚踏进校园就接受这些精神引领，树立正确的价值观，以后才有可能成为爱岗敬业的职业人。

　　文化入校除了要从精神层面引领，更要将传统文化物化，达到耳濡目染润物无声的教育效果。我们的学生以后走上工作岗位，服务对象是顾客，要为客人提供优质的服务；同时要融入酒店文化，要明白自己和企业休戚与共，因此我们要教育学生以"和"为贵。儒家文化讲求"和"，讲究人与自然、与身边环境的"天人合一""和谐共处"。我们在建新校区的时候就引入了传统文化"和"的精髓，极力打造"酒店花园式"校园，突出"职业化、专业化和企业化"特色。学校结合传统文化，选取符合职业特色的朗朗上口的标语口号，贴在每栋楼的楼道内：如"微笑的你最美，文明的你最棒！""技能是发展之翼，诚信是做人之本。""勤学和知识是朋友，汗水与技能是伙伴。""春蚕吐丝蜂酿蜜，立足社会靠技艺。""学在苦中求，技在勤中练"等。每块标语口号都以学校各项教育教学活动为背景，结合了传统文化，又注入了浓浓的职业元素。

　　就这样，我们将适合中职生的优秀传统文化引进校园，从学校精神的引领到校园环境的熏陶，让学生们接触、理解、热爱传统文化。

文化立校——锲而不舍，金石可镂

　　文化立校，是要想方设法让优秀的传统文化扎根在学生的心里，让学生习惯成自然，这是日复一日、锲而不舍地坚持、坚守、坚定的过程。

我们的许多工作正是因为坚持不懈而成为独具特色的旅校风景。比如，从建校之初至今，我们的学生统一着装、统一发型、统一书包。这种具有职业气息的着装，因为20年的坚守而成为学校的文化标志和符号，代表了职业学校敬业、专注的精神。学生们走在校园里是校园流动的风景，走在大街上是海口亮丽的风景，走上实习岗位更成为学校的品牌和象征。文化建设在坚持传统的基础上又与时俱进，"上学如上班，上课如上岗"把学校文化和企业文化融合起来，这意味着学校在以上班、上岗的要求塑造着学生的职业行为，培养着学生的职业品格。先进的企业管理模式——源全5S管理开始在学校实施，使学校的文化建设得到极大的发展。

人无德不立，国无德不兴。"德育为首，立德树人"是我校另一个秉承多年、坚守多年的教育理念。学校始终把立德树人作为教育的根本，形成了独具特色的"八化德育"，即德育目标具体化、德育内容主题化、德育途径多样化、德育管理制度化、德育队伍专业化、德育体系网络化、德育科研全员化、德育评价多元化。就这样，我们抓住传统道德文化的根本，坚持自己的德育特色，培养学生积极向上的价值取向，引导学生扣好人生的第一粒扣子。

师者，传道授业解惑也。传统文化要求教师不仅教书，更要育人。学生在课堂上不只是学知识，更要学做人。在课堂中设置多种实践活动，将传统文化融入教学中，让学生在多元体验中吸收传统文化的精髓，这是文化立校的关键一步。我校推动"文化课与专业课融合，德育与教学融合，专业与行业融合"的"三融"课堂建设，把德育与智育、体育、美育及技能训练等有机融合、彼此渗透、密切协调，促进学生全面健康成长。"三融"课堂引导学生做到理论与实践的结合，不仅要学习专业知识，更要学好专业技能，这就是传统文化中说的"知行合一"。"三融"课堂的建设体现了我校的专业精神、专业意识和专业态度。学校自编的早读教材，与中国传统文化相结合，让学生在诵读中领悟，在领悟中提升，感知传统古典文化的魅力。

我们结合各专业特点，采用"校店合一"的教学模式，在酒店服务与管理、烹饪、计算机、商品经营等专业参照企业管理模式组织运营，建起了"大拇指西

餐厅""e点便利店""校园摄影棚"等校店。校店的岗位为学生提供了真实情境和场景,使得遵纪守法、诚实守信、爱岗敬业、认真负责已经不是抽象的道德要求和空洞的道德说教,而创新精神、竞争意识、团队意识也能够在日常工作中时时运用。道德教育在特定职业实践的真实情境中进行,使环境的德育功能得到充分体现,有助于唤醒学生的潜力,促使学生产生自动自觉践行传统文化价值观的力量。

正是这样锲而不舍的坚持,让学生无时无刻、随时随地都浸透在优秀传统文化的氛围中,才有了百花齐放的好成绩。

文化强校——百花齐放春满园

据说,竹子刚发芽的时候,用三年时间才长了三厘米,而从第四年开始,就以每天三十厘米的速度疯长,原来前三年竹子在拼命扎根。这就是咱们传统文化强调的"厚积薄发"的道理。我们的学生也一样,在职业学校的三年,我们优质的教师队伍悉心培育,用心呵护,为的就是让学生把根扎稳了。经过二十二年的不懈努力,老师们的辛勤汗水都浇灌出了美丽的花儿,看看我们的成果,可以说是百花齐放春色满园。

在优秀传统文化的熏陶下,我们的老师也深受感染,不断努力进取,建立了卓越的教师团队。我校有多位"双师型"教师,如我们的谭蓉老师被评为"全国优秀教师",李志昆副校长、潘雪梅老师先后被评为"全国职业教育先进个人",等等。我们的专业骨干教师参加全国竞赛也都取得了不俗的成绩。比如,谭蓉、庄全球老师荣获"2013年首届世界(粤菜)厨皇精英赛"特金奖,徐业庞老师荣获2013年第21届全国发型大赛暨2014年法兰克福世界杯大赛中国区选拔赛"女士潮流修剪"项目银奖,等等。

蓬生麻中,不扶自直。在优秀教师队伍的带领下,学生们也在各个领域大放异彩。在今年刚刚结束的全国技能大赛中我们有两个二等奖,在海南省技能大赛中收获17个一等奖,又一次刷新了学校专业技能比赛的总成绩;我校还连续四年代表海南省参加全国青少年"五好小公民"主题教育活动演讲总决赛,其中卢玉晴同学荣获一等奖；在连续两年开展的海口市"美德少年"评选活动中，我校先后有莊晓天同学获海口市"十佳美德少年"称号，王洁纯、孙书玲、黄磊等同学获得海口市"美德少年"称号，陈宏同学获得海口市"美德少年提名奖"。我们学校的舞蹈队今年还荣获海口市首届中小学艺术展演舞蹈一等奖。

在所有老师同学的共同努力下，我们旅职校这个和谐、和睦的大家庭也越来越强大。我校于2010年荣获"中等职业学校全国德育先进集体"称号；2012年荣获中国伦理学会德育专业委员会"十一五"规划重点课题"百所德育示范学校"称号；2013年荣获全国五好层关工委先进集体称号；2014年被确定为首批国家中等职业教育改革发展示范学校；2015年荣获全国五四红旗团委称号。

全国职业教育工作会议提出加快发展现代职业教育的历史任务。我们将在党的十八大精神的指导下，弘扬中华优秀传统文化，坚持由传统文化提升职业教育品质，做文化强校，为民族复兴做出贡献。

实施"五个加",实现"四个转变"

——在海口市教育系统"双创"现场会上的汇报

（2015年11月）

为贯彻落实党的十八大和十八届三中、四中、五中全会精神，深入学习习近平总书记系列重要讲话，践行社会主义核心价值观，我校在市委、市政府和市教育局的高效领导下，扎实推进"双创"，确保"双创"成效。回顾百日"双创"，有感触，有感想，有感动。

一、实施"五个加"，构建"双创"常态化机制

双创应融入学校管理，促进学校"三风"建设，实现常态化和规范化。

1. 认识加行动。认识决定行动，认识不到位，行动跟不上。"领导带头，万事不难；大手小手，家校牵手"。首先，成立领导机构，自上而下，统一思想，提高认识，分工负责，逢会必讲，重磅宣传。我们利用固定的宣传栏、灯杆旗、电子滚动屏、教室和办公室宣传板块、文化墙等长期宣传；利用快速的网站"双创"专栏、微信群、微信公众平台、校讯通和校园广播等动态宣传；利用教育教学的开学第一课、入学教育、升旗仪式、家校共建、万人大扫除、家长大签名、知识测试、回访实习企业、志愿者服务、"三融"课堂等活动宣传渗透，加强认识。还通过各种大小会议对"双创"工作动员再动员，部署再部署，推进再推进，统一了全校对"双创"工作认识。其次，行动上做好顶层设计，干部带头，党员垂范，以上率下，全员参与，做到全校一盘棋，行动快，见效快。做到人人知双创，心中有双创，行动促双创。

2. 常态加动态。除学校内部双创工作外，我们还主动包干金福路，随时接受市、区、局及社区等常有的突击性工作安排，不分校内校外，无论早晚，有任务

要上，有工作要接，有常规军，也有突击队。据不完全统计我们的师生志愿服务队，已派出师生志愿者参加校外20余次大型"双创"突击活动，人数达3000人次。为了保常态迎突击，忙而不乱，多而不烦。我们结合学校实际，分工明确，制度清晰，融入常规，落地有声。我们先后制订了《海口旅游职业学校创建全国文明城市实施方案》《海口旅游职业学校2015年创建国家卫生城市实施方案》《海口旅职校"双创"责任区工作方案》等，做到人人有责任，处处有归属，事事有专人。

3. 传承加创新。我校一直坚持德育强校，立德树人。所以我们在原有特色的基础上，借用双创的契机进行创新和提升。如在创卫方面，全校学生每人每天铁定早晚搞两次卫生并检查打分，逢周末或节假日搞一次大扫除，每月全校搞一次卫生大评比并颁发流动红旗；坚持每天校医晨检制度。文明礼仪工作做到校内校外齐开花。所有班级开设礼仪课，课程有训练、有考核，有学分；校园有文明礼仪岗，由老师带领学生负责每天四次校值勤，每班学生轮流参与，进行文明礼仪监督和管理；校园处处张贴有师生礼仪标语，设有礼仪镜及礼仪规范实图，师生对照，自我约束。"双创"工作，既要传承又要创新。我校有很好的"双创"传统和优势。因为我们一直坚持文明礼仪教育和卫生健康教育，坚持"教育一名学生，带动一个家庭，服务整个社会"的理念。我校"双创"模式启动后，各部门发挥积极主动性，创新途径，各出奇招，如责任区包干制，利用网站"双创"专栏、微信群和公众号等新媒体，新编"双创"文明礼仪操并推广，创新"双创"知识测试考核方式等，有力地促进了"双创"工作的开展。例如，我们通过常规教育和突击抽查相结合的新方式，师生见面互考"双创"，迅速提高师生"双创"知识知晓率和参与率。

4. 方法加标准。创新工作方法，突出了"双创"工作效果，而"双创国标"的把握是关键。工作启动后，我们在原有的基础上细化标准，提高标准，从有到优。我们制定有《班级纪律考评细则》《班级卫生考评细则》《学生着装发型管理细则》、5S管理等一系列制度保障工作的实效；我们"请进来，走出去"，邀请专家进校进行培训、检查、指导；暑期派出有关人员参加培训学习，努力掌握

"双创"各项工作标准，如创卫、创文资料建档，我们均努力按照市"双创"指挥部和局"双创办"的材料指引和国家测评标准进行整理、归档。

5.服务加带动。我们发挥学校优势，服务社区、服务全市师生、服务机关单位。与社区共建，到社区开展各项便民服务与礼仪培训；对包干的金福路开展常态的"双创"活动；编排"双创"文明礼仪操，录制了培训光盘、编印了学习指导手册，向全市中小学校推广，已完成了全市190余所中小学校共280多名教师培训；近期已有礼仪老师到市政法委、市国资委、市疾控中心等机关单位开展近10场培训。我们通过这些志愿服务以微弱的星星之火带动大家，积极参与城市的文明建设。

二、实现"四个转变"，夯实了"双创"工作基础

我们做到工作与"双创"相融，"双创"的开展不但不影响正常工作，而且促进了工作，提升了工作质量。学校工作实现了以下四个转变，进一步夯实了我校"双创"工作的基础。

一是校园环境变亮。我们一直以"酒店花园式"的标准建设校园，但原来还是存在一些卫生死角，如绿化带深处尚有白色垃圾，办公室天花板挂有蛛网等；还有垃圾屋不懂加盖密封，垃圾屋周围留有污水等。开展"双创"后，教室、实训室和办公室实现了5S管理，我们对校园卫生和环境美化要求更细致了。例如，绿化带深处、天花板蛛网等卫生死角清洁了，清洗垃圾屋的污水引流至下水道了，现在我们的校园更加干净亮丽了，师生们工作、学习、生活更舒心了。

二是学生精神变优。学校"双创"模式启动后，二年级学生积极参与志愿活动，走街串巷，进社区上街道开展文明劝导、卫生劳动、"双创"宣传等服务，他们文明的身影是一道亮丽的风景。一年级新生经过"双创"氛围和活动的熏陶，文明礼仪、卫生和行为习惯及精神面貌比往年任何一届新生改观都快，学生精、气、神得到很快提升。

三是党员干部作风变强。从过去的习惯性按部就班及等、靠、要向现在的主动参与、身体力行践行"5+2、白加黑，钉钉子，马上就办，拍拍看"的四种精

神转变。各项工作都是干部带头，党员垂范，以上率下，带动全员，学校的整体精神面貌有很大改变。例如今年各部门为全校师生服务的20件实事即将100%完成。白龙校区干部带头每周打扫。洪涌校长被评为"海南最美教师"，林芳妹老师被评为海口"十佳最美婆媳"。

四是社区和校际变佳。我们与社区共建，进社区开展义务服务，进小区开展礼仪培训；我们进行街道包干，每周开展"双创"卫生劳动、清除野广告、劝导宣传。现在海榆社区和金福路有了改变：社区、道路、门前变干净了；居民卫生意识和文明程度提高了；商家"双创"知晓率提高了，开始配合、参与门前三包了，乱丢乱弃的少了。礼仪操的推广，促进全市中小学学礼仪用礼仪，文明小公民小手拉大手，文明之风正在兴起。学校和家长、社区和城市的关系更加紧密，更加和谐，大家的归属感和幸福感增强。美丽城市，大家拥有。

"双创"是一项长期的攻坚战，机遇难得，意义重大，不容松懈，我们全校师生还将以背水一战的决心、持之以恒的毅力、志在必得的勇气投入建设。我相信，在市委、市政府和市教育局的正确领导下，我们一定发扬"四种精神"实现双创的终极目标。

谢谢！

创新人才培养模式 提升人才培养质量

（2016年4月）

我校认真贯彻落实国家、省、市政府关于大力发展职业教育的决定精神，紧跟职业教育发展形势，主动适应区域经济发展新要求，以服务为宗旨、以就业为导向、以校企深度融合为基础，强化内涵建设，采取德育、教学及校企合作"融合"教育创新人才培养模式，提升人才培养质量，努力推进学校全面、协调、可持续发展。

一、"八化德育"创新德育培养模式

学校始终把立德树人作为教育的根本，培育和践行社会主义核心价值观，教育引导学生扣好人生的第一粒扣子，创新了德育培养模式——"八化德育"，具体是：（1）德育目标具体化。一年级侧重学生行为规范养成；二年级侧重学生良好人格与能力的培养；三年级主要是学生就业与创业发展教育。德育目标贴近生活，小处着眼，讲求实效。（2）德育内容主题化。我校把德育内容贯穿在常规中，体验在活动中，落实在生活中。开展每月一主题如"文明礼仪""诚信守纪""安全""思源感恩"等系列主题教育。（3）德育途径多样化。我校通过"课堂渗透、文化熏陶、实践强化、家校共建"等多种途径育人，实现学生思想教育无缝对接。（4）德育管理制度化。德育管理出实效，先后出台了53项德育管理制度，做到人人"心中有形象，行为有标准，学习有目标，管理有制度"。（5）德育队伍专业化。组成了校长、德育副校长、德育处、团委、体艺卫处、关工委、家长学校和班主任队伍、宿舍管理小组、学生会层层负责、分工合作的梯队式德育管理队伍。（6）德育体系网络化。一级网络是德育主体工作者，二级网络是全体教职员工，三级网络是家长、法制副校长及实践企业。（7）德育科研全员化。学校坚持全员参与德育科研，出成果，出名师，创名校。近几年共有132项德育科研成果获奖；出版发行《加强中职德育制度建设研究与实验》《德育工作手册》《德育学习读本》等德育书籍。（8）德育评价多元化。运用多元智能理论，评价反映学生成长过程，把操行量化、评语分析、活动颁奖、综合评优四大德育评价贯穿在日常学习生活中。通过日查、周结、月总、期评促进学生的职业道德和行为养成。

"八化德育"取得了成效：学生以过硬的政治素质和专业素质参加北京奥运会、北京APEC会议和博鳌亚洲论坛年会等国家级高端服务；李红同学被评为全国"三好学生"；莊晓天、王洁纯、孙书玲、黄磊等同学被评为海口市"美德少年"；我校被评为全国中等职业学校德育工作先进集体、百所德育科研名校，以及全国"五好基层关工委"先进集体；2015年校团委荣获"全国五四红旗团委"称号。

二、"三融课堂"创新教学培养模式

我们首创了"三融课堂"教学模式，即"德育与教学融合""文化课与专业课融合"和"专业与行业融合"，并实施了三年的课堂改革行动计划。"三融课堂"教学模式致力于提升各专业、学科教师的专业素质和能力；调动全体学生参与的积极性、主动性，保证课堂教学的高效，全面提高课堂教学质量。

"三融"教改锻炼出一支教学队伍，为提高人才培养质量提供强有力的保障。近年来，师资队伍得到长足发展：潘雪梅获评"全国职业教育先进个人"，赵金玲是"海南省优秀校长"，洪涌被评为海南"最美教师"，王平康获海南省"优秀共青团干部"称号，钱玲、潘雪梅被省厅确定为专业带头人工作室主持人，杨英等7位教师是省级中职骨干教师，潘雪梅、谭蓉、陈志蓉、纪芬4位老师入选国家旅游局"万名旅游英才计划"项目。近三年来，学生参加全国技能大赛获得7个二等奖、7个三等奖，全省技能大赛获得44个一等奖，特别是今年省赛收获了15个一等奖，多个项目蝉联全省冠军；学生连续3年代表海南参加"五好小公民"全国演讲总决赛，获得1个一等奖和2个二等奖。毕业生就业率达到

97%，重点专业供不应求。学校近年连续被评为全省中职学校毕业生就业工作优秀单位。

三、校企"双主体"创新人才培养模式

我校积极推进校企合作，做到产教融合，构建了"校企双主体、工学两结合"人才培养模式。校企共同制定专业建设标准，探索"现代学徒制"，共同参与人才培养。

1. 共训教师。校企合作，共同培训教师。学校每年选派教师走出校园，到企业顶岗实践，提高教师业务能力。组建3个专家指导委员会，行会、企业专家、大师、能手进校园参与专业建设、教学教研。校企共同培养了一批双师型教师，我校"双师型"教师比例占到专业教师的96%。

2. 共建实训基地。我们构建了"一专业依托一重点企业"培养、就业格局。校内建立"大拇指西餐厅""e时代网吧"等6个校店合一实训基地；校外本着"优势互补，互惠互利"的原则与有发展前景又有合作意向的企业建立了30多个实习实训和就业基地。企业接受学校学生顶岗实习；出资帮助学校建设实验实训基地，如学生活动中心、潮江春中餐厅、酒店大堂和模拟客房。

3. 共建课程体系。由我校主导，企业、行会积极参与，建立我校"工作过程导向"课程体系，取得了一批成果：编制《海南省中职学校酒店服务与管理专业建设标准》，建立"琼菜研究中心"，将课程延伸到生产实训场所，开发了8门精品课程和20种专业教材，编制了114门课程标准。实现项目研发和课堂教学的对接、课程教学与技能考核内容的对应。

4. 共育学生。我们探索"现代学徒制"，通过"产学研训"校企共同实现学生从"新员工""熟练工"到"职业人"的角色转换。我们做到产教融合，有效整合资源，一体化培养人才，结出了硕果。我校与省烹饪协会、《海南日报》、南海网、龙泉集团等合作，成立琼菜研究专门团队，建立琼菜研究中心，挖掘"琼菜"文化，开发琼菜，出版了《海南滋味》，首开网络"美食讲堂"。我们打造的"海南滋味宴"被评定为"海南名宴"。我们的琼菜研究在引领海南烹饪行

业发展方面起到了积极的作用。教学成果《基于琼菜饮食文化传承的烹饪人才培养模式的创新研究》获得国家教学成果二等奖。

多年来，我校紧紧把握住现代职业教育的内涵，通过一系列有效举措，加强内涵建设，创新人才培养模式，努力打造一所管理规范、内涵丰富、特色明显、充满生机的现代职业学校。2016年是"十三五"规划的开局之年，我校将秉承追求卓越的精神，改革创新，不断提升人才培养质量，办人民满意的职业教育，助推国际旅游岛建设，为"中国梦"的早日实现贡献微薄之力。

不断创新 继续前行
助推我校毕业生高品质就业

——海口旅游职业学校2015—2016年度毕业生就业工作报告

（2016年9月）

2015—2016年度，我校就业工作在省市就业局和教育行政主管部门以及学校的正确领导下，坚持"就业推荐精细化、就业指导专业化、就业服务日常化、就业管理规范化"的工作原则，按照"走进行业、调研市场、服务教学、成就学生"的工作思路，克服种种困难，组织安排了850名学生在上海、深圳、海口、琼海、三亚等地30多家企业顺利就业。学生的就业工作取得了显著的成绩，很好地完成了"学生满意、家长满意、用人单位满意"的"三满意"目标。

为了做好本年度的就业工作检查评估，根据琼人发〔2016〕151号文件精神，学校成立了以赵金玲校长为组长的就业工作评估领导小组，认真按照评估指标表逐项进行自评，自评分为99分。现将我校本年度就业工作总结如下：

一、2015—2016年度毕业生就业工作情况汇报

1. 学校情况简介

我校是海口市政府于1993年投资建设的一所综合性旅游中等职业学校，1996年被教育部评估认定为首批"国家级重点中等职业学校"；2014年被教育部评估认定为首批"国家发展改革示范学校"。学校曾先后被评为"全国教育系统先进集体""全国职业教育先进单位""全国德育工作先进集体"等。

学校目前开设航空与VIP服务、高星级饭店运营与管理、中餐烹饪与营养膳食、西餐烹饪、旅游外语、休闲服务、导游服务、会计、计算机应用、电子商务、美发与形象设计、商品经营等十二个专业。

2. 就业情况简述

2015—2016年度我校共有12个专业850名毕业生就业，就业率达到96%；其中航空与VIP服务专业为100%、高星级饭店运营与管理专业为99%、旅游外语专业为96%、会展服务与管理专业为100%、游艇服务与管理专业为93%、休闲服务专业为91%、导游服务专业为98%、会计专业为98%、计算机应用专业为87%、商品经营专业为98%、美发与形象设计专业为96%、中餐烹饪与营养膳食专业为92%。

通过对用人单位和毕业生的回访和问卷调查，我们了解到毕业生和家长对我校的就业指导工作和就业情况是非常满意的，用人单位对我校的毕业生也给予了高度的评价。

二、我校推荐毕业生就业的具体做法

1. 准确统计、精心挑选、公布岗位招聘信息

为了做好本年度的毕业生就业工作，4月初，学校招就处就统计各专业、各班级毕业生的实际人数，然后根据毕业生的实际人数，按1∶1.3的比例拟定用人单位的岗位和数量，然后报送校长办公会审批。5月底，向用人单位发出邀请函，并把各专业人数的情况告知用人单位，用人单位根据实际的用工情况，做出招聘计划，并将回执传给学校，招就处收集信息后，将用人单位的待遇、食宿条件、工作环境等信息精心制成宣传展板及彩页，向全体毕业生公布，让毕业生和家长提前了解用人单位，由毕业生根据自己的优势及家庭的实际情况来选择就业区域、就业单位和就业岗位。

用人单位中有长期和我校合作的单位，也有新联系的单位。主要分布在上海、深圳、海口、三亚、博鳌等地区。对于第一次拟合作的用人单位，学校招就处一定对其安全、食宿及工作环境进行实地考察，然后再确定合作关系。

2. 定期召开"三会"，奠定就业应聘前的基础工作

本年度我校就业工作安排根据市场动态需求，遵循"学生本人意愿、家长同意、学校批准、择优先推"的原则，实现"双向选择"的目标，认真实施了"就

业推荐精细化、就业指导专业化、就业服务日常化、就业管理规范化"的工作原则，基本做到了量才选岗、对口就业，实现人尽其才，才尽其能。一是召开毕业班班主任会。由分管招生就业的副校长亲自给全体毕业班班主任开会介绍今年到校招聘的用人单位以及说明和解读学校关于今年毕业生就业推荐工作的原则和流程，让每位班主任都清楚和明白学校对就业工作的重视，以便配合学校做好毕业生就业的推荐工作。二是召开毕业生会。为了让毕业生更好地了解用人单位及就业推荐工作的原则和流程，学校对毕业生展开全方位、多层次的就业指导系列会，做好毕业生就业应聘的指导工作。如专业老师给毕业生开设行业讲座，采用就业指导课、专题讲座等形式，进一步加强毕业生就业技能的培训，指导毕业生撰写就业自荐书，使其了解如何应聘工作岗位。通过就业指导，引导毕业生树立正确的择业观和成才观，降低就业期望值，做好就业前的思想准备和心理准备，鼓励毕业生"先就业、后择业、再创业"，增强他们对职业选择的市场意识、法制意识和竞争意识。三是召开家长会。对家长进行就业动员，让家长了解用人单位和有关行业的就业愿景，以便得到他们对学校就业推荐工作的支持和配合。

3. 精心策划就业招聘会，创设良好的招聘环境

我校的招聘会，通常安排在6月底召开，2015年的招聘会于6月18日在学校活动中心举行。招聘会之前，学校招生就业处提前做好各用人单位学生报名的统计工作，认真布置会场，为每个合作单位准备好招聘工作台。招聘会上，我们根据学生的报名情况，按用人单位的数量做好分组工作，现场由引导员带领学生到所报单位的摊位前应聘，整个招聘会进行得有条不紊，得到了用人单位的高度评价。

4. 统计录用情况，签订就业合作协议，确定到岗时间

招聘会上，毕业生们良好的专业素养赢得了用人单位的一致好评，大部分毕业生第一志愿就顺利通过了用人单位的面试，而对于第一志愿面试没有通过的毕业生，我们马上组织他们参加第二志愿的面试，经过这样有序的组织，几乎所有的毕业生都能找到就业单位，录用率高达97%。此外，为了更好地保障毕业生的合法就业权益，招生就业处还根据现场录用的情况组织学生与用人单位签订就业协议，协议中明确规定学生的岗位、待遇、食宿、管理、工作时间等内容，并与用人单位领导当场确定学生具体的到岗时间。

5. 严格选派就业指导教师，定期召开指导教师工作会议

为了做好毕业生的就业管理工作，学校以用人单位为定点，选派工作责任心强、具有一定管理经验的教师作为就业指导教师，协助和配合用人单位管理指导毕业生的就业工作，以确保毕业生就业工作的顺利进行。

在毕业生就业指导工作过程中，我们坚持就业指导教师例会制度，我们每两个月召开一次就业指导教师会议。通过会议的交流，就业指导教师及时反映毕业生的就业情况、思想动态及生活情况，交流管理指导方法，相互学习，扬长避短，最后做到有的放矢。

6. 定期回访用人单位，出版就业刊物，持续为教育教学服务

为了及时了解毕业生的就业工作情况，招生就业处根据工作计划对所有用人单位进行两次回访。回访的主要目的有四点：一是通过回访进一步加深与用人单位领导的情感；二是通过回访了解毕业生就业的现状，有哪些优缺点，通过了解情况，及时向学校的教育教学部门反馈信息，提出有关建议；三是通过回访，了解行业的发展现状和需求信息；四是了解就业指导教师的工作情况。近年来，我校根据回访调研情况共出版校级刊物《前方》六期。通过每次回访，招生就业处从用人单位领导、就业指导教师和毕业生处为学校教育教学部门带回了大量的信息，为学校的可持续发展提供了强有力的依据。

三、经验与体会

1. 学校领导高度重视，是确保学生就业工作圆满完成的根本保证

学校领导高度重视毕业生就业工作，始终把毕业生就业工作作为学校教育、教学质量和办学水平的重要检验标准。学校实施了"一把手"工程，成立了由党总支书记、校长赵金玲同志任组长的就业工作领导小组。下设招生就业处，设有专职主任、教导员和专职干事，同时建立8名专职的就业指导教师队伍，具体负责学生的就业指导及管理工作。

学校在年度预算中，严格按照当年全部在校生学费的不低于3%学费总额划拨学生就业指导专项经费。我校2015—2016年度就业工作经费达到40.03万元，占比为3.52%。

我校招生就业处有独立的办公室、就业洽谈室，兼用大中小型的招聘场所和信息公布栏等，以现代化的办公设施设备为毕业生就业工作提供了良好的硬件环境。

2. 就业指导教师狠抓落实，是确保学生就业工作圆满完成的先决条件

毕业生就业工作的好坏直接关系和影响到学校的社会声誉，因此，为了帮助毕业生就好业，帮助他们走好职业生涯的第一步，学校选派了经验丰富、业务素质好、责任心强、安全防范意识高的专职就业指导教师指导毕业生的就业工作。就业指导教师除了负责毕业生的日常管理外，尤其注重对学生的思想和心理的指导，实践证明，这个做法是非常正确的。

3. "严、细、实"的管理，是保证学生就业稳定的重要基石

与我校合作的用人单位地理位置分布广，有市内、省内、省外，参加就业的学生也很多，客观上就存在管理难的局面。为了做好毕业生的日常就业管理工作，我们通过全体就业指导教师运用"严、细、实"的管理方法，全面深入到毕业生的就业岗位进行浸透式的指导。经过一学年的管理，这种实实在在的浸透指导在每一位毕业生的身上起到了很大的作用；因此在过去的一学年里，我校从没发生过一起重大的毕业生就业事故，得到了省市各级领导的高度认可。

4. 毕业生就业跟踪服务，是提升学校品牌的重要途径

为了更好地了解往届毕业生的就业情况，招生就业处专门建立了毕业生QQ群和微信群，及时了解和掌握毕业生的工作动态，进一步加强对毕业生就业及择业工作的指导和管理，规范创新毕业生就业创业工作的管理，及时发布优秀毕业生就业和创业的情况，并为他们专门制作宣传片——《人生不下课》，该宣传片一经优酷视频推出点击率高达25万次，在社会各界引起了极大的反响。与此同时，学校还专门邀请他们回到学校与全体师生互动交流，谈谈他们就业创业的心得与体会。通过跟踪调研，我们了解到有近90%的毕业生仍然坚持在旅游行业工作，大部分的毕业生只要坚持在岗位上工作3~5年，基本上都能成为用人单位的骨干；我们还了解到不少毕业生利用业余时间继续学习深造提高学历，这在一定程度上大大提升了学校的品牌。

四、管理困惑与存在问题

在过去的2015—2016年度里，尽管我校毕业生的就业管理工作在一定程度上取得了一些成绩，但在实施过程中，我们也遇到了不少困惑与困难。

1. 学校在就业管理过程中面临三点困惑

首先，就业指导教师管理方面。虽然制定了工作制度，明确了工作职责，也细化了考核指标，但在实际管理工作过程中，由于就业指导教师工作的特殊性，他们的考勤情况、工作责任心、解决问题的能力等确实难以把握。

其次，毕业生就业工作管理方面。学校始终把毕业生的安全教育放在首位，把毕业生的安全问题作为对就业指导教师考核的一项重要指标。但由于点广人多，上下班时间不统一，就业指导教师的管理压力很大，在安全管理上确实存在一定的困难。此外，90后的毕业生普遍存在自私、任性的一面，对生活、工作中出现的问题难以独自处理，这给就业指导教师的工作带来很大的压力。

最后，毕业生就业签订协议方面。尽管学校同所有的用人单位都签订了正式的合作协议，但由于个别用人单位情况复杂，出现过实际工作内容与协议内容不符，如：极个别企业工资不按时发放，对就业指导教师工作不支持等，尽管在学校介入后都得到了比较妥善的解决，但值得我们反思与研究。

2. 存在一个问题：毕业生就业工作专职人员学习和培训的问题

随着毕业生就业工作的多元化，中等职业学校毕业生就业的压力和毕业生就业工作专职人员及就业指导教师管理的压力越来越大。职业教育说白了就是就业教育。毕业生的就业工作做不好，它不仅关系到学校的声誉问题，更是关系到社会经济发展和社会稳定的问题。面对这种情况，我们迫切请求省就业局多组织中职学校一线的就业工作人员参加各类专项对口学习和培训，以便全方位提升做好毕业生就业指导工作的能力。以我校为例，由于近两年来上级单位没有组织过中职学校招生就业部门人员参加过就业及创业指导师的培训学习和考试，所以本部门负责就业工作的专职人员也就无法拿到该项资质证书，因此开展工作时总感到有些压力。

另外，我省近年出台多项针对高职院校就业创业方面的专项利好政策，但对于中职学校在就业和创业工作方面的政策支持尚不明朗，未来我们将请求上级单位也尽快出台相关政策，以便于我们持续地、发展地做好学校的就业和创业工作。

五、2017年毕业生就业工作思路

为了做好2017年毕业生的就业工作，根据2015—2016年度在毕业生就业工作过程中发现的问题，结合2017年毕业生就业工作的实际，我们的工作思路是：

1. 利用海南省旅游职业教育集团龙头学校的优势资源，在就业和创业上下足功夫，为集团成员学校提供一线的行业信息，尽可能地帮助毕业生做到与行业无缝对接。

2. 继续加强对就业指导教师的培养。

3. 继续深入各行各业调研，不断收集就业信息，努力拓宽各个专业的就业市场，以满足各专业毕业生的需求。

4. 继续加强对毕业生的跟踪服务，努力创设更好的二次就业平台。

5. 继续加强对往届毕业生的就业指导，鼓励毕业生自主创业。

回顾2015—2016年度毕业生就业工作，我们既为所取得的成绩感到欣慰，更为一如既往的毕业生就业工作深感责任重大。在今后的就业工作中，我们将秉承全心全意为毕业生服务的宗旨，以更大的决心、更积极的态度、更有效的方法不断推进我校毕业生的就业工作，并创造更大的辉煌。

一体化人才培养试点项目转段工作汇报

（2016年10月）

我校是海南省第一批职业教育改革及招生试点项目的试点学校。从2014年起，与海南师范大学联合开办高星级饭店运营与管理3+4试点班，现有3个班；与海南职业技术学院联合开办中餐烹饪3+2试点班，现有3个班；与海南经贸职业技术学院联合开办3+2会计、3+2旅游外语试点班，现有3个班。我校严格按照省教育厅的有关要求和合作学校共同制订的一体化培养方案开展各项工作。三年来，各项工作有序开展，效果良好，现将我校的试点工作汇报如下：

一、基本情况

（一）"3+4"试点项目

招生人数情况：

2014年	36人	男生10人	女生26人
2015年	45人	男生16人	女生29人
2016年	50人	男生13人	女生37人

海口市生源情况：

2014年	17人	占比47.2%
2015年	23人	占比51.1%
2016年	31人	占比62%

（二）"3+2"试点项目（连读、分段）

招生人数情况：

2014年	30人	男生27人	女生3人
2015年	81人	男生47人	女生34人
2016年	143人	男生69人	女生74人

海口市生源情况：

2014年	13人	占比43%
2015年	35人	占比43%
2016年	78人	占比55%

从以上表格来看，自2014年起，试点班的人数逐年增多。这组数据也说明，我校试点项目的主要生源地在海口市，而且这个比例呈逐年上升之势。这说明海口市的家长和考生已经逐渐了解了我们的试点项目，尤其是今年，在8月底的时候，还有不少500多分的因为没能到普通高中就读的考生家长纷纷到校咨询试点班的情况，说明我们的试点项目得到家长和考生的认可，此外，今年省教育厅还特别组织了该项目的招生宣传工作，到海口实验中学、琼山中学、海口四中等学校进行宣传。从数据来看，宣传还是有效果的，海口实验中学、市四中等省一级学校的考生人数也在逐年增多，但是考生受班主任的影响较大，尤其是本校办有高中的，这种情况更为突出。

二、管理模式

试点项目实施以来，得到了联办院校领导的高度重视，给予了大力支持和配合。我校从顶层设计出发，成立了试点项目工作领导小组、教学管理工作小组，构建了比较健全的贯通培养组织机构。

领导小组由赵金玲校长亲自担任，其他校级领导和相关专业部门负责人担任成员，专门负责试点项目的统筹协调工作；学校招生就业处具体负责试点项目的联系洽谈和招生工作；教学处和旅游管理系主要负责试点项目学生培养方案的制订和实施，并协调试点项目教学实施过程中的相关工作；德育处主要负责学生的德育教育工作；其他行政部门配合做好试点项目的有关工作。

三、培养情况

（一）结合专业学业实情，精心制订培养方案

试点项目是新生事物，人才培养模式没有可以参照的成熟模式。本着一体化、职业化、特色化的基本原则，结合学生实际情况、高校要求和行业需求，就人才培养方案的制订，我校和海南师范大学、海南职业技术学院、海南经贸职业技术学院进行了多次协调和沟通，最终使其得以确定。本培养方案具有如下特色：

1. 培养目标分段明确

我校坚持以人为本、德育为先、课岗融合、教学一体的原则，明确了促进学生知识、技术技能、综合素养的全面提高，大力推进"文化素质＋职业技能"评价方式改革，重点考核学生的文化基本素质和专业基础能力的考核思路。我校制订了《"3+4"转段升学考核实施方案》《"3+2"转段升学考核实施方案》两套转段方案。

如以"3+4"本科班为例，我校对学生整体人才培养目标定位为：培养适应社会主义市场经济需要，综合素质高，具有良好的职业道德、扎实的经济学与管理学理论功底、熟练的酒店服务操作技能，具有较强的酒店管理能力和良好的国际视野，能在国内及国际酒店管理（集团）公司、高星级酒店、旅游管理机构等单位的管理部门从事相关管理工作，或者能继续攻读硕士学位的高级应用人才。而针对不同的学段，该目标又分解为：中职阶段着重培养一线服务技能，突出中职教学过程的实践性、开放性和职业性，培养具有酒店服务操作技能的应用型技能人才；本科阶段则培养学生的运营管理能力、人际交往能力、应用外语能力，突出高等本科教育的理论性、前沿性，最终将学生培养成为具

有扎实系统的管理基础知识与操作管理技能、较强酒店管理能力的高级管理型人才。

2. 通识能力逐级提升

中职学生的学习能力是短板，虽然对试点学生有一定的文化成绩录取要求，但是依然与普通高中学生存在差距。这就会对后段学院在教学和人才后续培养上皆产生影响。因此，我校在强调中职阶段职业技能、职业素养培养的同时，更要加强学生通识能力培养。在课程设置上，参照教育部颁发的《中等职业学校教学计划设置原则》和《公共课基础课课程大纲》的同时，加大公共基础课的课时量和难度。由原有中职阶段30%公共基础课比例调整为45%，以保证学生后续学习的文化基础。尤其是语文、英语等核心公共基础课程，都在教学内容和课时上加以补充，以满足后段学习的要求。

3. 专业技能合理衔接

中职教育特色在于知行合一，专业特色和技能要求应在中职阶段打好基础。在中职阶段课程设置中，一方面，重视学生基础服务知识和初级管理知识的学习，为后段管理学相关学习奠定基础；另一方面结合各专业的教学标准，加强学生专业技能学习和训练，开设核心专业技能课程，如"3+2"烹饪专业开设的专业课程有：烹饪原料知识、烹饪营养卫生与安全、烹调工艺学、烹饪基本功、热菜制作、面点制作、食品雕刻、冷菜制作等。学生还可以在中职阶段将选择与专业相关的职业资格考核，培养学生专业技能的广度和深度。

（二）重视教育教学效果，用心整合教学资源

1. 教学师资优良

我校现有三届试点项目班级，其中"3+4"有3个班，"3+2"有6个班，共有任课教师70人，其中具有高级职称的老师32人，省级专家工作室主持人1名、省级骨干教师5人、高级技师5人、全国演讲比赛一等奖二等奖辅导教师2名、省技能大赛金牌教练9人、校级学科教研员8人、校级干部3人、中层干部10人。在师资的配备上，启用了最为优秀的师资以保证教育教学质量。

2. 教学内容改进

试点项目班级的学生专业要求和文化底子都与中职生有区别。在教材选用上，除了使用通用中职学校教材外，还根据各个专业特点，提出具体的目标。如"3+4"班英语采用全国英语等级考试教材，为大学英语四级考核奠定基础；旅游文化类课程要丰富教学内容，增加人文知识；语文、数学等公共基础课程要适度加深难度，丰富活动内容，对接高等教育的语文及经济管理类数学知识的需要；专业课程中，初级管理知识要适度增加，以对接本科教育中的酒店管理课程。

3. 专业实训丰富

我校试点项目专业实训室共 27 间，能满足学生专业学习的实训要求；建有专业语音室，保证学生英语听力、口语的训练。同时有多家企业作为实训基地，能使学生及时建立专业直观印象和增加行业实践机会。

4. 双校互动有效

试点项目人才培养是联办院校的共同任务，在中职阶段增强对本科教育阶段的了解，有利于学生确定学习目标，找到归属感。我校在新生入学之际，组织学生前往合作学校参观交流，如到海南师范大学参观，海师大领导、教师们的谆谆教诲、海师大同学的现身说法、校园环境的优雅、图书馆的丰富资源，都让学生对后段的学习充满热情和期待。

（三）强化职业教育特色、齐心培养综合能力

试点项目作为特定人才培养模式，既考虑学生后续发展也兼顾学生职业素养和综合能力的培养。在中职阶段，我们开展形式多样的专业活动，使学生得到锻炼和提高。以 2014 级"3+4"班为例，很多学生取得了优秀的成绩：该班获得我校技术节专业比赛中餐摆台二等奖，校级技术节优秀组织奖，校级年度优秀团支部，校级年度优秀班级，市级"五四红旗团支部"等荣誉；全班 36 人有 33 人取得英语一级证书，11 人取得二级证书，全部考取中级餐厅服务员职业资格考证，20 名同学取得计算机一级证书；在全省技能大赛中，该班武晓烁、黎子嘉、冯推彬、冯迎四位同学分别在客房、中餐摆台和英语口语竞赛三个项目中获取一

等奖；武晓烁同学参加客房项目国赛获得二等奖，冯迎同学参加英语口语国赛也表现优秀。另外，徐晓晓同学参加全国关工委主办"五好小公民"主题演讲比赛荣获全国二等奖。这些成绩的获得，充分体现了学生在中职阶段的学习成绩和效果。

非常感谢省教育厅及海南师范大学、海南职业技术学院、海南经贸职业技术学院等高校给予我们联办试点项目工作的机会，这对于学校整体质量提升和内涵建设起到较大的促进作用，使学校的社会美誉度得到了提高。

四、思考与建议

试点项目工作运行三年来，各方面的工作均有序进行，为了进一步做好试点项目的培养工作，我们对这几年的工作进行了梳理，经思考总结，提出以下几点建议：

1. 课程内容衔接更具体。在已有课程衔接的基础上，前、后段院校进一步理解课程标准，具体化标准，以便在内容衔接上更具有针对性。

2. 师资教学互派增加。建议中职阶段邀请后段院校专家开设专家讲堂，开阔学生视野，提高理论水平。

3. 生生加强互动交流。继续加强两校学生互动，进一步增强学生归属感和自豪感。

以上是我校试点项目运行三年来所做的一些工作，不足之处，请领导批评指正。最后还有一个请求，就是这三年来，每年报考我校的"3+4"试点班人数不断增多，试点项目已经开始得到社会和家长的认可，为了进一步满足考生和家长的需求，增加职教的吸引力，我校请求增设一个旅游管理专业的"3+4"试点班，以适应海南全域旅游全面推进后的发展需要。

不断创新，继续前行
助推集团化办学品牌化发展

——海南旅游职业教育集团办学汇报材料

（2017年2月）

为贯彻落实《国务院关于大力发展职业教育的决定》暨全国职业教育集团化办学经验交流会议精神，以海口旅游职业学校为龙头校的海南旅游职业教育集团于2008年成立。自成立以来，在省市教育主管部门的领导下，在全体成员单位的共同努力下，海南旅游职业教育集团悉心搭建我省中职学校旅游专业校校合作、校企合作平台，以专业发展为纽带，以培养高素质技能人才为核心，在资源共享、人才培养、社会服务等方面取得了一定的成绩。

一、基本情况

海南旅游职业教育集团现有成员单位31家。集团坚持按培养高素质专业技能人才的定位要求，进一步加强集团成员校合作，密切联系行业与企业，找准校校之间、校企之间的利益共同点，以实现互惠互利、合作共赢为目标，努力为海南的经济发展和国际旅游岛的建设服务。集团各成员单位在统一标准、师资培训、学生就业、共建实训基地等方面进行了合作。目前，集团主要成员单位有行业协会3家、合作企业14家、合作院校14家（其中高校4家、中职校8家、国际院校2家）。

二、主要工作

（一）资源整合，精准扶贫

在龙头学校的带动下，在各成员单位的积极参与下，海南旅游职业教育集团在统一标准、师资培训、学生就业、共建实训基地等方面进行了探索和实践。成员单位通过集团这个载体，实现资源共享、优势互补、共同发展，达到学校、企业和学生三赢。具体完成情况如下：

1. 送教上门，统一"三段式"教育教学标准

在 2011—2013 年，集团组织龙头学校领导和专业教师先后多次深入昌江、白沙、东方、乐东、屯昌、琼中等市县集团成员校，开展送教上门及调研工作，对集团成员校的新生进行入学教育、礼仪教育；对专业教师进行专业课程标准的培训；跟成员校领导进行座谈调研，了解各校办学存在的困难。通过专业老师的授课和对口交流，集团成员校的新生在礼仪礼貌、行为举止和行业意识等方面有了很大的提高，专业教师的专业技能也得到了提高，联办专业的教学标准、教学进度、教材使用和培养目标也达成了统一，使各成员校在第一阶段教育期间与龙头学校的教育教学标准保持统一。

经过集团龙头校多年的传帮带，由最初的对各市县成员校进行输血，变成现在各市县成员校已经能够自己造血。现在，跟我们联办的各市县成员校都能按照专业标准进行独立办学。集团的合作形式也升级为由专业合作办学转型为资源共享，现在集团的主要作用是为各成员校提供信息共享和服务。

2. 援建成员校实训共享基地

为了提升集团成员校的教育教学水平，作为集团龙头校，海口旅游职业学校出资，帮助白沙县中等职业技术学校建设西餐实训室等实训场地，为白沙县中等职业技术学校提供良好的教学实践场所。

（二）队伍建设，共同发展

1. 教师培训，提升专业能力

为充分发挥国家示范中职学校的辐射带动作用，扶持我省酒店服务与管理专业青年教师的专业成长，提升专业教师师资队伍整体水平，受海南省教育厅委托，集团龙头校与海口酒店协会以及相关酒店多次联合举办酒店服务与管理专业教师培训班。培训内容紧紧围绕海南酒店业发展现状、酒店餐饮部运营、酒店餐饮部顶岗实践、专业探究课等内容。培训形式有专家讲座、技能培训和顶岗学习。通过培训，进一步提高集团各成员校专业教师的教育教学能力，开阔了视野，提升了该专业教师师资队伍整体水平。

2. 干部培训，提高管理水平

为了提高成员校干部队伍的业务素质，统一办学思想，打造团队精神，集团在海口举办海南旅游职业教育集团干部培训班，会议邀请了省市教育主管领导和省教研院专家进行授课，主要学习了干部的领导能力与艺术、学生德育管理工作方法、团队建设三大部分内容。丰富的培训内容让所有参训的管理干部受益匪浅，参训干部纷纷表示对今后工作极具启发和帮助，为集团的可持续发展奠定了基础。

3. 国际培训，拓宽教育视野

为了进一步拓宽集团成员单位的国际教育视野，2011年，集团与美国夏威夷大学合作举办总经理培训班；2014年，派出教师赴香港专科教育学院参加培训学习。通过参加不同类型的学习培训，使其增长了知识，拓宽了教育视野，提升了对新形势下的国际化素质的进一步认识。

4. 举办年会，统一办学思想

集团前几年，先后在乐东县、屯昌县及海口市举办海南旅游职业教育集团第六、第七、第八届联合办学年会。年会的主要内容是围绕德育管理、教学研究课程设置、招生方法以及联办合作形式等主题展开研讨交流。通过每一届年会，各成员校统一了办学思想，明确了办学目标，规范了办学行为，提高各成员校的教育教学水平，确保了集团"三段式"办学的质量。但由于这两年八项规定对召开会议有要求，集团暂停年会的举办工作，也给集团成员校的交流互动带来了一些困难，这也是下一步集团要考虑的问题。

（三）校行合作，协同育人

海南旅游职业教育集团紧紧围绕产业发展需要，依托行业，贴近企业，充分挖掘与行业企业进行合作的利益结合点，调动行业企业在集团化办学中的积极

性,实现了行业企业深度参与职业教育的目标。学校与行业共同确定人才培养方案,实施课程设置与改革;行业帮助职业教育集团成员校在企业建设实训基地,支持学校开展实践教学和拓展实训基地资源,有些企业还为学校注入了大量资金建设实训基地;行业参与集团内职业学校的教学质量评估,提供动态的岗位需求信息、经济和技术发展信息,并对职业教育集团提出要求和建议;行业统筹安排订单式培养,开展了产学相结合的实践教学,提高了人才培养的针对性和有效性。

1. 人力资源合作模式

海南旅游职业教育集团通过"三段式"办学模式这条纽带,实现了校企联合办学,使教学、实训与企业的实际紧密结合,不仅可以让职业学校的学生很快进入岗位角色,不用重新进行培训就可以上岗,企业也可以从学校中挑选到合格的人员,满足企业急缺人才的需求。同时,一方面学校可以利用企业先进的管理经验和实训设备开展教学活动,提高了教育教研的针对性和有效性;另一方面企业也可以利用学校的师资力量和教学条件开展员工培训及继续教育活动,提高企业员工的整体素质,实现学校与企业合作的双赢。这些年来,企业到学校选聘实习生非常火爆,学校每年都供不应求。

2. 合作办学模式

2003年,龙头校海口旅游职业学校就与海南龙泉集团开始联合办学。双方联合举办"酒店服务与管理"专业中专班已有12届,毕业生共有458人,为龙泉集团及省内外餐饮行业输送了一批批专业技能人才。很多毕业生凭着过硬的专业技能知识走上了餐饮企业的领导岗位,其中,比较突出的是符攀同学,一位从农村走出来的小姑娘,从一名服务员做到副经理并获得全国劳模称号,为餐饮事业的发展做出了积极贡献,也为了农民工成长、成才、成功树立了榜样。

3. 冠名订制模式

为了进一步解决与企业需求的零距离对接,集团龙头校除了与龙泉集团合作酒店服务与管理中专班外,还与龙泉集团办有烹饪专业冠名班。每年一年级新生入学后,龙泉集团符董事长亲自到校动员,宣传企业文化和专业发展成才之路,让学生充分了解企业文化并征得家长同意后，与龙泉集团签订协议：成立龙泉烹饪班，集团每年派出大师参与授课，还每个月给学生补助130元生活补贴；学生毕业后，到企业顶岗实习一年，一年后根据个人专业发展需要再与企业签订劳动合同。通过冠名订制模式，充分利用集团各方的师资力量和教学优势，不仅解决了企业发展的需要，也解决了学生的就业问题。

4. 产学研发模式

为了充分发挥行业的技能优势，实现零距离培养高素质的技能人才。2013年，我校启动了以烹饪专业为试点的"校企双主体、校企双结合"人才培养模式研究与实践。"校企双主体、校企双结合"人才培养模式是一种把课堂设在企业现场，把企业现场搬进课堂的模式，通过学生与企业"零距离"接触，边学习边以实习员工的身份参加企业的运营、质量管理等工作，使学生更能满足企业发展的需要。

"校企双主体、校企双结合"人才培养模式中的"双主体"体现有三：一是构建学校、企业两个培养主体；二是建立专任教师、企业骨干两支培养队伍；三是建设学校课堂、企业厨房两个培养阵地。为做好"校企双主体、校企双结合"人才培养模式研究工作，学校和企业共同参与了学生的管理和教学的全过程，设立了教学和企业两位班主任。校方班主任负责学生在校期间的学习及生活管理，负责做好学生外出企业学习的对接工作；企业班主任则负责学生在酒店期间的业务指导及业务安排。学生在"校企双主体"教学模式研究过程中的身份双重，既是学生，也是酒店员工。在校期间，一切遵守学校的管理规定，进入到企业学习，一切以企业员工的标准要求进行管理，打破了学生过去单一的顶岗实习的工作模式，使其学会了与企业员工相处，用企业标准来要求自己。另外，该模式也有助于加强教师队伍建设。职业学校教师师资大多缺乏企业工作经验，这也是实施"校企双主体"教学模式改革中需要解决的关键问题。在合作过程中，我们引进了天佑大酒店的骨干技术力量担任兼职教师，相同学科的教师也跟学生一起得到了很好的技术交流与学习；业余时间教师也要进入到天佑酒店进行岗位实践，以便更好地应用于教学。经过三年来的实践，这个培养模式为岗位培养了一批高素质的应用技能型人才。

三、工作成效

1. 为行业企业参与职业教育提供了有效的平台

海南旅游职业教育集团紧紧围绕产业发展需要,依托行业,贴近企业,充分挖掘与行业企业进行合作的利益结合点,调动行业企业在集团化办学中的积极性,实现了行业企业深度参与职业教育的目标。学校与行业共同确定人才培养方案,实施课程设置与改革;行业帮助职业教育集团成员校在企业建设实训基地,支持学校开展实践教学和拓展实训基地资源,有些企业还为学校注入了大量资金建设实训基地;行业参与集团内职业学校的教学质量评估,提供动态的岗位需求信息、经济和技术发展信息,并对职业教育集团提出要求和建议;行业统筹安排订单式培养,开展了产学相结合的实践教学,提高了人才培养的针对性和有效性。成功的案例有:上海唐宫餐饮集团(香港上市公司)为集团龙头校援建学生活动中心;深圳潮江春餐饮集团为集团龙头校援建餐厅实训室;东莞三正集团为集团龙头校援建酒店模拟大堂;海南龙泉集团参与琼菜研究与开发中心的建设及烹饪专业课程的研究。

2. 职业教育服务区域经济的能力显著增强

集团化办学不仅整合了职业教育内部资源,而且整合了行政部门资源及行业企业资源,加强了教育教学与生产实际的联系,实现了职教发展与经济发展的良性互动,有效地放大了技能人才培养的功效,提高了服务区域经济的能力。集团化办学使企业直接获得了职业教育的智力支持,稳定了高素质员工的来源途径;通过订单培养,得到了最需要的人才,实现了育人与用人的零距离对接,降低了企业员工培养成本。学校的智力资源与科研优势,为企业增加了创新动力和经济效益。集团开展"三段式"办学以来,农村孩子可以进城里学习,学到一流的技能,城市的孩子从农村的孩子身上学到吃苦耐劳的精神。这种相得益彰的互补,为孩子们的健康成长提供了一个良好的环境。近些年,集团龙头校先后把贫困地区近 4000 名学生培养成了酒店服务技能型实用人才,在北京、上海、广州、深圳、东莞、海南等大城市就业，每年寄回家里的收入达上万元，很多农村家庭盖了新房，建起了小农场，从根本上摆脱了贫困。可见，通过"三段式"办学模式，不仅促进了农村劳动力转移问题，让农村学生可以接受到优质的职业教育资源，而且极大地推动了贫困地区经济的发展。

3. 发挥品牌优势，实现多方共赢

（1）打造了一支国赛金牌教练专业团队

全国职业院校技能大赛是由国家教育部、财政部等多个部委和联合会联合主办，是全国职业院校技能大赛的最高级别赛事。国家职业技能大赛，尤其是高星级饭店运营与管理专业和中餐烹饪与营养膳食专业的比赛，比赛选手和带赛教练都是由集团龙头校中产生，每一年都获得了优异的成绩。特别是2016年，由谭蓉指导的邓南程同学夺得"中西式面点"项目全国一等奖；孟繁华指导的钟斌同学在"中餐热菜"项目中获得了国赛二等奖；由张春影，詹小葵老师指导的达瓦晴空·今同学，取得全国第11名，荣获二等奖，突破我省历史最好成绩；由林绍飞、林文燕老师为指导的中式客房铺床项目中武晓烁同学，以全国第12名的成绩获得二等奖。这些优秀的成绩无疑是集团龙头校在国赛中一次历史性的里程碑。通过国赛的努力拼搏，打造出一支国赛金牌教练专业团队，同时力证了集团龙头校卓越的办学水准。

（2）建设了一支优秀的省级骨干教师队伍

集团龙头校非常重视教师队伍的建设，为了提高骨干教师的教育教学理论水平和业务能力，学校积极支持他们参加教育厅组织"国培项目"和"省培项目"。经过多年来的培养，学校现有省级骨干教师9名，其中，杨英是海南省特级教师，潘雪梅是海南省高星级饭店运营与管理工作室负责人，钱玲是海南省旅游外语工作室负责人。这支优秀的省级骨干教师和学科带头人，以先进的教育理念、扎实的专业素养、较强的教育教学能力和教育科研能力，极大地推动集团各成员校教育教学工作的发展。

（3）培养了一批批素质过硬的优秀学生

无论是在北京奥运会、博鳌亚洲论坛年会等重大活动现场，都有集团龙头校学生的身影。2008年北京奥运会，集团龙头校派出40名学生到奥运主会场和北京各大酒店担任志愿者；2014年，集团龙头校4名女生又参加了北京APEC会议水立方宴会服务工作；每一年博鳌亚洲论坛年会中，集团龙头校选派几十名不等的学生，进入酒店核心区直接为中外政要服务。2015年至2016年，连续两年被评为博鳌亚洲论坛志愿服务钻石合作单位。

4. 扩大了薄弱学校的办学规模，促进城乡职业教育统筹发展

海南职业教育基础相当薄弱，特别是贫困地区市县的职业教育几乎是一片空白。由于长期投入不足，不少市县的职业学校只能靠收取学生杂费维持基本的教学运转，用于改善办学条件的资金基本上处于空白状态。据调查显示，2007年全省2/3的中职学校在校生人数达不到国家设置标准，有的学校仅有几十名学生。学校规模小、条件差、结构不合理等问题让海南职业教育发展步履维艰。

通过集团的"三段式"办学模式和"以城带乡"联合办学的方式，集团龙头校利用自身在师资和教学设备的优势，免费为农村职校培养教师和干部，让他们把先进的管理经验和教学方式带到农村职校。同时，学校利用自身多年来积累的企业、行业"人脉"关系，帮助农村学生解决就业问题，做到了"进口顺、出口畅"。这些年，在龙头校的扶持下，贫困市县职业学校的招生规模逐年扩大，如1998年各市县分校的学生仅有40多人，2008年已经扩大到1045人，10年增长了20多倍，带动了当地职业教育的快速发展。

5. 实现了学校育人与企业用人有效对接，提高了职业教育的办学效益

集团龙头校通过采取"三段式"办学模式，实现了校企联合办学，使教学、实训与企业的用人需求紧密结合。不仅可以让职业学校的学生很快进入岗位角色，实现零距离上岗，企业也可以从学校中挑选到合格的人员，满足企业发展所需要的人才。同时，一方面学校可以利用企业先进的管理经验和实训设备开展教学活动，提高了教育教学的针对性和有效性；另一方面企业也可以利用学校的师资力量和教学条件开展员工培训及继续教育活动，提高企业员工的整体素质，实现学校与企业合作的双赢。

此外，集团龙头校积极整合资源，与省烹饪协会、《海南日报》、南海网、龙泉集团等合作成立琼菜研究专门团队，建立琼菜研究中心，挖掘"琼菜"文化，出版《海南滋味》一书，首开网络"美食讲堂"，"产学研训授"一体化培养烹饪人才，打造的"海南滋味宴"被省烹协评定为"海南名宴"，在引领海南烹饪行业发展方面起到了积极的作用。教学成果《基于琼菜饮食文化传承的烹饪人才培养模式的创新研究》获得2014年国家教学成果奖二等奖，集团龙头校是海南中职学校中唯一获奖学校。

同时，集团龙头校积极发挥辐射作用，带动各成员学校共同发展。每一所市县的成员校每年都获得了不少的各级各类荣誉。如白沙县中等职业学校，因近年来的办学成绩突出，就获得了很多的荣誉。

四、存在问题与改进措施

旅游职教集团成立以来，为企业、学校提供了优秀的平台，在加强校企合作，促进专业建设，推动教育教学改革，提高人才培养质量等方面显示出强大的生命力，受到省市教育主管部门和社会各界的肯定和好评。但也存在一些问题及不足，主要有：

1. 职业教育集团运行机制尚不够完善，还没有形成一套行之有效的管理和约束机制。

2. 校际、校企之间的合作有待进一步加强；集团化办学覆盖面需进一步扩大。

3. 政府支持和政策引导力度需要进一步加强，需要建立相应的评估激励机制。

在将来的工作中，我们将创新工作模式，改进工作不足，充分发挥集团工作的主动性，调动成员单位的积极性，有效整合各方资源，努力打造海南旅游职教品牌，使集团工作再上新台阶，为打造海南的全域旅游和建设国际旅游岛发挥更大的作用。

努力做好"三个融合"
持续推进"两学一做"学习教育

(2017年5月)

海口旅游职业学校党总支认真学习贯彻党的十八大、十八届三中、四中、五中、六中全会精神，按照市委、市教育局党组中心工作部署，紧扣学校工作特点，深入贯彻全面从严治党要求，持续推进"两学一做"学习教育，在"学"上夯基础，在"做"上展风采，在"实"上动真格，努力做好"三个融合"，有力推动了学校各项工作，取得较好成效。

一、"学"为基础，做好常规学习与重点学习的融合

（一）常规抓党员教育，发挥党员先锋作用。党员教育形成良好机制，创新方法途径，抓在日常，严在经常。

1. 建章立制。常规党员教育做到定时、定点、定人、定内容，党内生活制度化、常态化。制订《"两学一做"学习教育实施方案》和《"两学一做"学习计划》、落实"三会一课"制度等。制定每月一次支部全体党员集中学习、每月一次支委会学习等学习制度，由支部书记带头上党课，做到全体党员学习有笔记、有体会，提高党员干部理论学习水平，目前已经编订四本《中层干部学习心得汇编》。

2. 丰富形式。"两学一做"学习教育要创新途径、丰富形式，达到内化于心，外化于行。我校举办了"学习陈起贤道德模范先进事迹"等活动；组织学习全省"最美教师"洪涌先进事迹；组织党员开展警示教育，参观母瑞山革命纪念馆，缅怀革命先烈，接受革命洗礼和教育。

（二）常规抓支部建设，发挥突击队作用。一是优化党组织结构。2015年，

我校分别在三个系建立党支部，由副校长兼任支部书记。实践证明，结构优化有利于统筹协调支部和专业系的工作，有利于思想工作与业务工作的有机统一，有利于党支部管理与学校教育教学管理相互促进。二是充分强化了党支部主体作用。

（三）重点加强班子建设，发挥火车头作用。校党总支狠抓中心组学习。每月组织一次学校党总支中心组学习，校领导班子把握"学为基础"的基本要求，以上率下，开展学习。主要形式有集体讨论、专家辅导、参观访问等，有利于提高领导干部素养。同时建立班子联系点，校党总支委员每人固定一个专业系作为自己的工作联系点。坚持问题导入，学用结合，联系师生，坚持深入教学一线，建立听课制度，隔周周四为领导干部固定听课时间。坚持与师生交流，每月一次校长与学生的"约吧"活动、支部书记与党员的谈心活动、党总支书记与各部门管理团队的交心活动，等等。为联系群众、服务育人搭建了沟通平台。

二、"做"为关键，做好"两学一做"与教育教学的融合

"两学一做"要做到促进学校的中心工作——教育教学，使之成为相互融合的有机整体。学校结合省教育厅继续教育工程，大力实施名师工程，采取"走出去请进来"方式，开展各种业务培训全覆盖、全渗透，不断提升党员教师素质和业务能力，力争办好让人民满意的职业教育。

学校坚持把师德建设放在党员教师队伍建设的首位，组织学校全体党员定期开展师德师风论坛、名师竞技、教师业务继续教育活动，牢固树立了终身从教、践行"工匠精神"的理念。

在学生教育方面，重点抓团建，以党建带团建，以党员带团员，以团员带全体学生，形成良好"带"状局面。

我校党总支一直重视团建特别是青年党校的建设和培训。我校现有60个团支部，2200余名团员，占全校学生总数的80%以上。为了更好地帮助学生学习党的基本知识，为党组织培养后备力量。从2005年起，校团委每年举办一期青年党校培训班。学员都是经过班主任和科任老师推荐的优秀团员、优秀学生干

部。党总支委员人人授课,录制了学生喜闻乐见的视频《人生不下课》使其观看学习,对他们进行严格的教育,让他们了解党、热爱党,坚定共产主义信念,提高学生的政治觉悟,引导更多的团员青年在政治上要求进步,以青年党校的建设带动校风学风的进一步改善。我校至今已举办十二期青年党校培训班,共毕业1000人,其中有900多人向党组织递交了入党申请书。

三、以服务为宗旨,做好学校发展与社区发展的融合

在"两学一做"中,我校党组织与社区党组织加强交流、共享资源、良性互动、共同发展。

(一)扶贫扶志。我校在省委省政府提出"重点支持、重点倾斜、重点发展"的职业教育大好形势下,率先开展扶贫教育。2013年我校与美兰区政府联合创办"农民就业培训基地",发挥职业教育的社会服务效应,帮助该区农民转产提供就业培训。近日,校党总支委员带队,德育处和班主任积极参与,分别走访了12位建档立卡学生家庭,深入了解其家庭经济情况和脱贫愿望,宣传政府的扶贫政策和学校制定的"四免一园"帮扶脱贫措施,送去全校师生对他们的深切关怀和殷切希望。

(二)助力"双创"。自海口市开展"双创"活动以来,学校组织党员教师参与社区"双创"建设活动,将社区作为党员志愿者服务阵地。例如每周定期打扫金福路,适时为社区居民提供大扫除、文明礼仪宣讲、义务理发、面点制作培训、食品营养咨询、真假币辨别、电脑维修等贴心、暖心的志愿服务,赢得了社区群众的普遍赞扬。

下一步,校党总支将深入贯彻此次会议精神,大力推进"两学一做"学习教育常态化、制度化,为建设国际化滨江滨海花园城市再创佳绩,再立新功。

文明润校园　立德育人才

（2017年7月）

近年来，我校认真贯彻教育部、中央文明办下发的《关于深入开展文明校园创建活动的实施意见》，在海口市教育局的直接指导和帮助下，坚持以立德树人为根本，以学生为中心，积极培育及践行社会主义核心价值观，将文明校园创建工作与学校中心工作紧密结合，确定"立德树人，服务发展，促进就业"的目标，令其取得了显著成效。2014年荣获首批"国家中等职业教育改革发展示范学校"称号，2015年获评"全国五四红旗团委"，2016年再度荣获"海南省十佳中职学校"称号，2016年荣获"海口市未成年人思想道德建设先进单位"称号，2017年荣获中国烹饪协会"中国餐饮30年桃李芬芳奖"、2015—2017年度海口市文明单位称号。

一、强化班子建设，提升学校科学管理水平

学校大力加强班子建设，努力建设学习型、服务型、创新型党组织，发挥党支部战斗堡垒作用和党员先锋模范作用；执行校长负责制，落实科学管理制度，实行校务会议制度，落实民主决策机制；班子成员思想作风优、协作意识强、主动服务好。积极做好党建工作的"三加强、三发挥"，以党建带动学校建设，促进学校不断发展。

一是加强班子建设，发挥火车头作用。加强中心组学习，用习近平总书记系列讲话武装思想；建立班子联系点，校党总支委员每人确定一个系作为自己的工作联系点。此外，还有实行听课制度；每年服务师生10件实事；开展校长与学生的共12期"约吧"活动；开展支部书记与党员谈心、党总支书记与各部门管理团队交心活动。真正做到联系师生，改进工作；发扬党内民主，增强了班子的

凝聚力。

二是加强支部建设，发挥突击队作用。优化党组织结构，以专业系为单位组建三个党支部，支部书记由各副校长兼任。强化党支部主体作用，发挥了支部在系里的战斗堡垒作用和突击队作用。

三是加强党员教育，发挥党员先锋作用。落实"三会一课"制度，以"两学一做"学习教育为契机，加强全体党员学习教育。支部书记带头上党课，全体党员学习有笔记，有体会。不同时段的学习要求，不同形式的学习领会，提高了党员的思想政治素质和业务素质。党员处处起到模范带头作用，三年来全校党员教师62人次获得市级以上荣誉和教育教学业务奖项。

班子建设和党建成效明显，有力地促进了学校各项工作的长足进步：获得"海口市创新学习型党组织""海口市基层党建工作示范点"以及"海口市直属机关2017年先进基层党组织"等荣誉称号。中组部先后两次来我校调研，对我校党组织的班子建设、党建工作给予了高度评价。

二、狠抓德育教育，提高学生思想道德素养

我校坚持德育为首，紧紧围绕培育和践行"社会主义核心价值观""立德树人"的根本任务，把思想道德教育融入学校的各项工作，做到"进教材、进课堂、进头脑"，努力提高学生思想道德素养，教育引导学生"扣好人生的第一粒扣子"。

一是建设"三融课堂"，促进思想道德教育。我校实施"文化课与专业课融合、德育与教学融合、专业与行业融合"的"三融"课堂建设，创新"校店合一"的教学模式，使德育与智育、体育、美育及技能训练等有机融合、彼此渗透，促进学生全面健康成长。特别是将核心价值观融入德育课教学内容体系，调整和充实教学内容并列入课程考核必考内容之一。自编早读教材，组织"传承中华文化、弘扬核心价值"早读课经典诵读活动，让学生在诵读中感受优秀传统文化的魅力。校店的实践岗位每天为近100名学生提供了践行核心价值观的真实情境和场景，促使学生产生自觉践行核心价值观的力量。

二是开展"我的中国梦"教育,引导学生树立远大志向。我们围绕"我的中国梦"开展了系列主题教育活动:学雷锋活动及文明教室、文明之星评比;网上祭英烈、班际大合唱、技能大比拼、美德少年评选学习;法律进校园、安全疏散演习;军训、入学教育;"中国梦"演讲比赛、新团员发展、青年学校培训;心理健康讲座、书画比赛、校园十大歌手、班际文艺会演、竹竿舞。其中青年党校培训班我校已举办十二期,共1000余人结业,并有900多人向党组织递交了入党申请书。系列的主题教育引导学生继承弘扬中华传统美德,自觉把个人梦想与中国梦紧密联系起来,把个人成长进步与祖国未来发展紧密联系起来,树立远大志向并为之而奋斗。

三是突出文明礼仪教育,培养学生综合素养。我校结合海南国际旅游建设的需求,大力倡导文明礼仪教育,使学生内修素质、外塑形象,同时把文明礼仪教育辐射至社会。全校所有班级均开设礼仪课程,学习礼仪知识和礼仪技能运用;创编一套"海口市中小学生文明礼仪操",编写学习手册和录制光盘;每周升旗、早操以及其他集会时间,全校师生3000多人共做文明礼仪操;定期开展全校性学生、教师文明礼仪操比赛;组成师生文明礼仪培训队,向全海口市各中小学校推广"文明礼仪操",共培训了全市190余所中小学校280多名文明礼仪骨干教师,全市各中小学校人人会做文明礼仪操;举办了400人的海南省文明礼仪骨干培训班,让"文明礼仪之花"开遍海口乃至全省。

德育教育结硕果:李虹同学被评为"全国三好学生";一批学生被评为海口市"十佳美德少年""美德少年"和"美德少年提名奖";学校荣获"海南省十佳中职学校""全国青年文明号""全国中等职业学校德育工作先进集体""全国五好基层关工委先进集体"等重要称号。

三、丰富活动载体,增强活动阵地教育作用

我校利用丰富的活动载体,构建立体的教育阵地,充分发挥活动阵地的教育作用。我们利用校报、校园网、广播站、宣传橱窗、文化墙、电子屏、旗杆及广场等宣传核心价值观、开展健康及安全教育、展示班级纪律及卫生评比与文明之

星、进步之星事迹等，树立榜样，宣传典型，感染学生，启迪学生，培育学生社会主义的精神追求及价值取向。

校团委建立微信公众平台，运用新媒体传播正能量。主要有："核心价值观就在身边"：学生积极寻找和发现身边体现核心价值观人和事，通过视频、拍照、笔记、口述等形式通过微信公众平台宣传；"我为核心价值观代言"：学生通过自拍照，编写"价值观体"文字等形式通过微信公众号进行宣传。如："我是1421班王圆圆，敬业，就是每次做卫生都要起到身先士卒的作用，认真检查每一处角落，保证校园整洁美观。我为核心价值观代言！"

设立道德讲坛、青年之家、团员活动室等活动基地，开展道德教育，开展丰富多彩的学生社团活动。目前全校社团有28个。学生通过社团自助式的管理，自我创新、自我完善，不断朝着个性化发展的道路成长。"舞龙舞狮社""礼仪队社"分别被共青团中央学校部收入《中等职业学校优秀学生社团100例》一书全国发行。2017年4月团中央第一书记秦宜智到校调研指导，充分肯定我校团建工作。

四、加强师德建设，培养专精结合师资队伍

我校把师资队伍建设摆在突出位置，重视师德建设，重视师资培训，提高师德修养、教育教学能力和专业引领能力。组织师德模范学习：学习、讨论陈启贤、刘运荣、黄大年等一批师德模范先进事迹。举办"旅校论坛"：近年邀请余国良、朱承强等一批中职教育专家进校举办8期专题培训。开展全员培训：近年已完成教师全员两轮培训共430人次，分批安排教师赴北京、广西、云南、吉林、香港等地参加提升培训。开展读书节活动：全校教师阅读教育经典名著，每届读书节上交近期读书心得进行评比表彰。开展师带徒结对：每年开展教师师带徒活动，已培养了30多名年轻教师，让他们很快熟悉了学校管理和教学要求，胜任了岗位工作。师德教育出成果，队伍建设见成效：赵金玲荣获"全国巾帼建功标兵""海南省三八红旗手""海南省优秀校长"称号，洪涌获评全国"我身边的好老师"、海南省"最美教师"，杨英获评"海南省特级教师"；目前学校有教

育部教学指导委员会委员2名，海南省特级教师1名，海南省首批教育科研学术带头人1名，省级专业带头人工作室主持人2名，省级骨干教师10名，海南省"琼菜"大师2名和"琼菜"名师3名，入选国家旅游局"万名旅游英才计划"项目6人，市级骨干教师培养对象8人。

五、打造文化品牌，发挥校园文化育人功能

好的校园文化，如兰芷之室，发挥着不可估量育人功能。我校非常重视校园文化建设，建校23年，已形成独特的精神文化、制度文化、物质文化、活动文化"四位一体"的校园文化，打造了一批文化品牌，发挥着独特的育人功能。

"校服教育"。校服是一种文化。学校的文化是由物质文化和人文文化组成的，校服就是其中一个载体。我们的学生统一着装、统一发型；教职工也统一着校服，以身作则。校服传递的是学校的理念，让校服告诉我们每个学生：我穿的是制服，我是职业人，上学如上班，上课如上岗。衣服的心理暗示，衣服的管理功能，在日复一日地修炼着每个学生，要求其举止端庄、文明得体、彬彬有礼。形而上者谓之道，形而下者谓之器。便是观念和物质的并重。

"志愿服务"。作为德育的重要途径，我校学生志愿服务开展得有声有色。我校目前在册青年学生志愿者1770名，他们发挥专业特长和技能优势，推广"文明礼仪操"，服务街道、社区，活跃在国家、省、市项重大赛事和重要会议现场。他们完成了海口全市190余所中小学"文明礼仪操"推广任务；近三年服务街道、社区15个；参与北京奥运会和残奥会、博鳌亚洲论坛、北京APEC会议等国内外高端会议志愿服务工作近400人次。

此外，还有"星光大道"：位于学校中心广场，是学生每天必经之地，目前已镌刻有近100名在省级和国家级技能大赛中获奖的学生，以榜样鼓舞引领同学；"感恩园"：园里一块黄蜡石上刻着"思源"二字，教育学生要"饮水思源"，学会感恩，感恩给过自己帮助的每一个人。每年18岁成人礼学生均在此园共同栽种一棵"青春树"，这里也是校友回母校必留影纪念的地方。

六、优化校园建设，营造优美宜人育人环境

我校非常重视学校基础建设，致力于建设"酒店花园式"校园。一、努力配置各种硬件设施设备，着力深化、美化、净化校园环境，使校园环境整洁、优美，环保达标。科学规划校园布局，充分考虑自然景观和人文景观因素，做到自然景观和人文景观相互衬托，绿色、文化、文明相融合。二、抓好日常教育。在学生中开展环境生态教育、节能环保教育、文明礼仪教育，做到一手抓环境建设，一手抓环境教育。三、制定班级责任制。每学期全校近60个班级划有校园景观责任区，全班学生每天两次进行养护和打扫卫生，每天公布卫生成绩，每月进行班级卫生评比，颁发"卫生流动红旗"。四、建设和谐平安校园。强化校园物防、技防、人防，每月进行校园安全隐患排查，定期开展消防安全培训和防震防灾疏散演练，编印《安全知识学习手册》供全校3700多名师生学习，使学校周边环境得到整治，有力保障了校园安全。

我校校园环境优美，处处有绿色映入眼帘，处处体现人文性，处处给人美的享受。学校荣获海口市"绿色文明校园""安全生产工作先进单位""平安校园创建工作先进单位"等称号。

"文明校园"建设是一项系统工程，我校全体师生员工以强烈的责任感、饱满的热情、务实的作风和扎实的工作，积极投身到创建活动中。我们从小事做起，从身边做起，从自我做起，举全校之力，树文明新风，以知行合一，倾师生之情，创文明校园。

第二部分　干部工作心得体会篇

"坚持"与"创新"小议

副校长　李志昆

通过这段时间对"心灵鸡汤"和示范学校创建精神的学习与交流，让我们从心理感悟，到思想理念，到工作途径，甚至到管理经验都得到学习、参考与借鉴。反思学校的实际情况，感触良多。面对当前的学校办学和教育形势，让我经常思考的两个词是：坚持与创新。在所谓好的方面要做到绝对的坚持，在不确定的方面要做到创新甚至摒弃，做好坚持才能确保稳定和有特色，做好创新才能促进发展，"坚持"要分清优劣、美丑，"创新"要讲究实效，而不讲究形式的多少。

洋思中学的教育教学管理成效名扬全国，洋思师生标准、规范、整齐、协调，更是被广为称赞，曾有记者问该校前任校长蔡林森：你认为洋思中学取得全国瞩目的成就，最关键的原因是什么？蔡校长回答：两个字——坚持。由此看来，创造"洋思特色"并没有灵丹妙药，有的仅是人人都明白的两个字——坚持。

坚持能养成师生良好的行为习惯。师生的衣着仪表、言谈举止、人际交往、勤勉自励等有关生活、学习、工作方面的行为习惯的养成是一个长期的渐进过程，要靠师生在相当长的时间内自我认识、内省、认同和外在条件的规范、约束、矫正、鞭策才能逐步养成。它有一个由不稳定到渐进稳定，再到基本稳定，最后形成自觉意识行为的复杂过程。因此，在形成自觉意识行为之前，师生的良好行为习惯将会受到来自主体和客体的诸多不利因素影响，从而发生偏转、倒退，此时，就必然需要一个强大客观外力的监督和督促。这个外力首先是领导永不言弃的坚持，再就是教师顽强坚韧的"坚持"，最后才是学生在学校领导和教师共同督促下一如既往的坚持。洋思学生吃饭一定要等一桌人到齐后由组长分饭

分菜，吃完后自己收拾好碗筷和桌子，秩序井然，气氛和谐，恐怕不是一日之功吧！

坚持的过程就是克服重重困难的过程，就是逐步稳固师生良好行为习惯的过程，就是形成师生完美人性、良好品质和知识能力的过程。

坚持能促进学校管理规范高效运行。管理的最高境界是"无管理之管理"，这种管理实际上是被管理者对管理的内涵已形成了文化认同，已把管理内化成了自己的一种高尚的思想认同，使管理成为被管理者的一种不经意的自觉意识和行为。要使全校师生对学校的管理形成文化认同，需要多方面的条件，但关键的是学校的办学思想、教育理念和管理规范必须要有科学性、前瞻性、长效性、连续性。否则，如果学校的办学思想、教育理念和管理规范朝令夕改，师生还未来得及消化就变了，那就根本谈不上文化认同。要使师生认同并崇尚学校的管理文化，把学校的管理文化内化为自己的不经意的自觉意识行为，"坚持"是首位的。只有坚持，学校的管理文化才会不停地刺激师生的大脑，才会逐渐被师生认同、内化，从而形成一种"无管理之管理"的管理文化，从而减少管理成本，提高管理效率。同时，在长期的坚持过程中，师生会逐步发现学校管理文化中的不足之处，并共同去粗取精，去伪存真，不断完善学校的管理文化，使其更加系统、规范、科学。

一所学校办学特色的外显方式是多种多样的，但归根结底是学生的发展特色，多数学生在德、智、体、美、劳等方面的发展中凸显的共同强势是学校的办学特色。办学特色的形成有一个相当长的过程，它是一所学校根据自己的办学思想、教育理念和管理文化结合学生的智力因素、非智力因素而形成的具有个性化的长期呵护、精心引导、历练强化；它需要全校师生的勿以善小而不为。认定科学的，持之以恒地实施；认为高效的，踏踏实实地落实；认准特色明显的，兢兢业业地奋斗。在克服了常人难以想象的困难并取得丰硕成果的时候，就是一个学校特色形成的时候。

坚持，它考验的是校长和教师的战略眼光，它比拼的是校长和教师的顽强毅力，它需要的是校长和教师的淡泊明志的心态，它摒弃的是校长和教师的狂热浮躁、急功近利、随波逐流。当今社会，少部分校长和教师或多或少都狂热浮躁，都耐不住寂寞，都缺少面壁十年而成佛的非凡气魄和毅力，都在想方设法早出成绩，快出成绩。可以说，不坚持就无特色和品牌，更无教育教学的高效益可言，有的只是昙花一现的个别成效。

　　创新，应该是在坚持的基础上进行创新，只有对原有科学、合理、正确或有实效的制度、理念、途径或方法和手段的继承与坚持，才能确保在原有基础和水平上不断进步与发展。创新的标准并不是否定过去或删除烦琐，也不是形式多、内容多，而是要考虑工作或活动的实效性和教育性。

管理的魅力在于如何理顺法、理、情的关系

——读《马云：我的管理心得》有感

副校长　王高平

这些年，读了不少书，有专业学科的、教学的、德育的、学校管理的、国学文化的、经营管理的，一路饕餮，收获不小，感悟颇深，虽然写了不少读书随笔，也摘抄了不少经典语句，但是从未书写过规范的读后感。

年前，教研室钱玲主任收集了老师们推荐的好书，建议学校购买并赠送给每个老师阅读，然后进行读后感评比。此举挺好，既能让老师们读书充电又能展开思想碰撞。在推荐的五本书中，虽然每本都有翻阅，但是除了赵伟的《马云：我的管理心得》外，其他四本都只是囫囵吞枣地快速阅读，之所以研读赵伟的《马云：我的管理心得》，是因为它与我最近研读的《马云内部讲话Ⅱ》属系列丛书。《马云内部讲话Ⅱ》收集了马云自 2010 年 3 月 18 日至 2013 年 5 月 10 日近三年来在阿里巴巴集团内部的管理讲话。文章从合纵（我个人认为重点解决部门平衡信任的问题）、乐活（我个人认为重点解决快乐工作的问题）、判断（我个人认为重点解决自我品牌特色的问题）、求诚（我个人认为重点解决企业诚信的底线问题）、逆袭（我个人认为重点解决如何创新文化性格的问题）、注重（我个人认为重点解决帮助客户生存的问题）、谋变（我个人认为重点解决企业改革求变的勇气问题）、亲近（我个人认为重点解决企业公众信任的问题）、修养（我个人认为重点解决企业性格的生态系统问题）、相信（我个人认为重点解决未来创新崛起的问题）等 10 个方面整编马云对企业管理理念的感谈。《马云：我的管理心得》则从战略管理、团队管理、中高层管理、竞争管理、品牌管理、商业模式管理、思想管理、企业文化管理、创新管理、自我情绪管理和资本管理 11 个方面论述马云成功的管理经验。在这 11 个方面的论述中，作者总共摘抄了马云在各个时期的 68 处讲话，然后再罗列了他的 68 个管理案例以及在管理过程中他的管理智慧。在每个章节的论述过程中，作者始终分三步进行：第一步是精准摘抄马云在不同时期的经典讲话；第二步是列举马云的管理案例；第三步是整编马云的管理智慧。

一路研读下来，这两本书给我带来的不仅仅是思想上的共鸣，更是内心的强烈震撼。一时间让我一个从事学校管理近 20 年的管理者对管理又有了更新的认识，对管理中的一些常谈问题又有了独到的认知。下面，我从三个方面与老师们一起分享我的读后感，不妥之处，敬请驳正。

一谈管理要合法。我个人认为，不论是什么管理，要想具有公众信度，要想说服公众，管理要合法是前提，否则一切妄谈。

我校自 1993 年建校至今，在学校管理、教师管理、学生管理等三个层面都先后出台了不少管理制度，应该说这些制度的制定，在当时来讲是依法而制定的。也就是说，就当时而言，它在学校管理、教师管理和学生管理上是合法的，是得到大多数师生的支持和拥护的。但是，随着时间的推移、岁月的流逝和校址的搬迁，作为学校管理者我们应及时审时度势，从各个层面思考、总结、实践，并在原来的基础上提出更加适合、更加与时俱进、更加行之有效、更加合法的管理制度。比如，就学校管理而言，在白龙校区时，我们推行的是结构工资方案，福利发放的依据是学校总收入的 40% 左右，也就是说，福利的发放只要严格控制在这个范围内就是合法的。但是，自学校搬迁到白水塘后，我们推行的是绩效工资方案，一切福利停止发放，这样的调整与原来的学校管理制度相去甚远。因此，这就需要我们的管理者与时俱进地调整我们的管理制度，让它更加合法地、同步地管理学校、管理教师、管理学生。如果我们调整不及时，势必会造成因为制度上的漏洞而导致部分管理出现不合法的现象和不公平的事实。不论是多获者还是少得者，一样愤愤不平，多获者认为这是他们合法所得，为什么大家不理解，少得者则认为这是制度的不合法剥夺了他们的合法所得，最后慢慢演变成无谓的内耗，大家也就慢慢地失去了工作的积极性。

因此，我个人认为，管理者只有合法并与时俱进地调整管理制度，才会使得管理制度具有公众信度，才会得到大家的支持与拥护，一切工作才会顺利推进。

二谈管理要合理。我个人认为，在合法管理的前提下，管理过程要合理，因为合理的管理沁人心脾，凝聚人心，反之，令人作呕，怨声载道。

合理是指合乎道理或事理，是意见不同的双方彼此认同达成的共识之理。因此，作为管理者，我们制定管理制度时，不仅要考虑它的合法性，也要考虑它的合理性。考虑合法是刚性之需，没得商量；考虑合理是柔性之需，可以商量。我个人认为，不论制定什么制度，合乎道理是必须的，但是，这种合乎道理不仅仅只是管理者的一厢情愿，而应是管理者与被管理者双方自上而下和自下而上多个来回地商量，最终被彼此认同达成的共识。否则，合理的管理就无从谈起。比如，就教师管理而言，学校在白龙校区时，由于地处城区，交通相对便捷，老师们上下班相对方便，当时福利还能发放，整体收入还不错，因此，当时的教师管理制度就当时而言，不仅是合法而且是合理的，是得到大多数老师的支持和拥护的。而现在学校搬到白水塘后，地处市郊，路途遥远，交通不便，给老师们的上下班造成了极大的不便，再加一切福利停止发放，老师们的整体收入相对原来而言减少很多，与此同时上班的成本不减反增，一时间老师们从心理上是很难接受的。作为学校第一批管理团队的负责人，就这一点，我的体会非常深刻。因此，这就需要我们管理者要与时俱进地思考并及时地调整教师管理制度，让它不仅合法而且更要合理，只有这样，老师们才会觉得他们也是学校的主人。因为制度的制定并不是学校管理者单方强势制定的，而是在与老师们充分交流的基础上彼此认同达成的共识。

因此，我个人认为，管理者只有合法并与时俱进地调整与制定合理的管理制度，才会得到更多老师的支持与拥护，学校工作才会更容易开展。

三谈管理要合情。我个人认为，管理制度的制定，不仅要合法、合理而且还要合情；因为合法才会公平，合理就能服众，合情必定和谐。

《礼记·乐记》有曰：合情谓乐也。也就是说，合情就是和谐情感。作为管理者，我们在制定管理制度时，不仅要合法、合理，我们还要考虑合情。自古以来，受传统文化的影响，我们每一个人都无法根除人情的困扰，不仅要面对来自友情的困扰更要面对来自亲情的抉择，因此，管理制度的制定，在合法、合理的前提下，合情就显得尤为重要和必要了。比如，就学生管理而言，我校自1993年建校以来，发展至今，已有24年，我们培养的孩子已经从70后的到现在的90后和00后的了。作为管理者，我们是否应该及时考虑管理制度的调整？因为不同年代的孩子，他们的思维方式和对社会的认知以及对生活的认识也是完全不相同的；所以，如果我们至今还在沿用原来的学生管理制度，而没有做出及时适当的调整，势必会削弱管理的针对性，让管理浮于表面。就教师管理而言，作为学校管理者，如果我们总是一味地强调管理制度的合法性和合理性，而忽略了管理制度的合情性，那么在我看来学校的管理一定不和谐。在这样的管理中，管理者和被管理者之间已经没有人情可言，既然没有人情可言，势必就会造成紧张的干群关系，就会影响工作的积极性，就会像盘散沙，最后就会导致无从管理的工作局面。

因此，我个人认为，管理者制定管理制度时，既要考虑管理的合法性和合理性，也要考虑管理的合情性，做到让三者相辅相成、相互衬托，严格按照合法、合理、合情的顺序来制定管理制度。我相信，这样的管理制度一定深受公众的支持与拥护。

总而言之，作为学校管理者，只要我们坚持管理合法、合理、合情，即做到依法治校、实施合理、体现人文，就一定能够办出社会、家长、学生和老师满意的学校。

看不见的管理

副校长　杨　英

多年来，学校的中层干部会议制度已形成很好的学习惯例，即政治学习和经验分享的惯例。会上，每位管理干部都会推介一些好的文章，很多时候，文章字里行间，可以读出许多管理的精髓。文章还是那篇文章，只是我们的思维角度和关注力度赋予了文章更多的寓意。我认为，每位干部推荐美文而后议管理是一种学习的形式，更重要的，是每一次头脑风暴后带给我们的又一轮思考。吴多斌主任推荐的《如何从文化管理走向文化自觉》这篇文章，读后深有感触。我的思考是：处于后示范阶段，我们的学校如何不断形成并增强自觉管理的文化。

习近平总书记在党的十九大报告中提出："没有高度的文化自信，没有文化的繁荣兴盛，就没有中华民族伟大复兴。"

我认为，一所学校，没有厚植于本土的办学文化，没有高度统一的管理文化思想，没有知行合一的执行文化自觉，难于办出有特色、有发展力的学校。

近段时间，在校园中看到的一些个别现象：某晚，在学校值班，晚自习结束后巡查宿舍，在楼阶上看到被随意丢弃的零食包装袋。某日，在学校办公室里看到某位老师的办公桌上布满了颗粒状小黑点，乌黑黑的，近前细看，竟是橡皮擦留下的皮屑，原来是我们的老师在申报职称整理材料时留下的垃圾。课堂上，总会有些不合规范的事情发生，例如上课老师迟到，例如上课老师接听手机……

如果我们的学生在吃零食时顺手把不需要的垃圾放到它应该去的地方，如果我们的老师在借用别人地盘时可以顺手带走不该留下的物品，如果大家都很自觉遵守学校制度，如果这一切，是在没人监督下完成的，即每个人都能自觉管理自己，那么，校园会更美丽。

每所学校在传承文化的同时都赋予文化新的时代气质，期望通过文化建设来发展每一位师生。首批示范校建设两年期间，我们学校做成了许多事。工作其一是文化建设，首先完善了校园的"硬文化"，比如各项学校制度的修订、校园环境的规划建设；其次是提出建设"文化旅校"的目标；最后总结提炼出"合作、精细、奉献、引领"的旅校精神。这些都是以制度文化、精神文化、行为文化和环境文化为载体来促进学校的内涵发展。

我认为，文化建设的目标是文化引领，文化引领是凝聚人心，最终引领幸福。文化引领必须到达一个高度才能称之"引领"，这个高度到达前必须先实施文化管理。

文化管理需要高度统一的思想认识。文化管理就是从文化的高度来管理学校，以文化为基础，强调团队精神和情感管理，管理的重点在于人的思想和观念。学校文化的概念是什么？我想，应该是学校为发展长期形成的、被所有教职员工认为有效并共同遵循的基本信念和认知。比如，我们"尊师爱生、团结进取"的教风，我们"勤奋好学、注重实践、举止端庄、彬彬有礼"的学风，我们"合作、精细、奉献、引领"的旅校精神，我们"以德育为首、以教学为中心"的办学理念，我们坚持20多年如一日的校服文化……学校不缺制度，对师生的规范的要求也不少，如何让制度触及师生的心底，激发师生自主自愿参与到学校工作上很重要。制度是"硬"文化，它需要"软"文化来驱动，制度只是约束，但好的学校文化却能在制度约束下给人带来快乐工作的愿望。

文化管理需要知行合一的执行能力。学校文化的形成，与学校领导班子，甚至与整个干部团队的行为习惯和思维方式有紧密关系。办学的好坏不仅要看制度制定了多少，更在于是否得到可靠的执行与落实。干部对学校文化和制度的遵从态度，决定了制度的权威程度。要做到知行合一，保证上行下效，令行禁止，才是成熟的自治与文明校园。干部团队怎么想、怎么处事，如何发现问题、如何解决问题，老师们也就怎么学着做。团队中每位成员遇事不慌，遇事不推托，遇事想办法，迎难而上，那么，我想绝大多数的老师也会这样工作。因为，大环境都如此积极向上，谁又想成为非主流？

文化管理的实现需要认同和尊重。团队中的每位成员认同学校的价值文化和价值追求，认同学校的目标愿景；成员彼此真心懂得尊重彼此，不嚼舌、不嘲笑、不冷眼旁观，懂得彼此补位，同事间、师生间彼此理解宽容与支持互助：这是一种态度文化。除此之外，我们还需要彼此的信任和团结：只有建立在信任的基础上，大家才能自觉遵守校园规则，团结起来坚持做好、做成每一件事，做出规范做出特色，甚至做出文化，这是一种极好的执行文化。

文化管理的持续需要激励和处罚。激励有物质方面和精神方面，标准和尺度很重要。300元的物质奖励，如果站着就能触手可得，谁愿意费力跳起来？走十步和走50步，激励政策都是同一标准，谁愿意多走一步？激励所用的标准和尺度都一样，不是好的激励政策。同理，仅有激励没有适度的处罚，也不是好的文化管理。毕竟，不是每个人都愿意当将军。做不做将军不能强求，但做逃兵就很可耻，所以我们的管理还应坚持事情做不好要接受处罚的观念。

文化管理的终极目标是实现自觉管理，即是平时说的"看不见的管理"。看不见的管理，于我们，任重而道远，但却是一个文化管理梦。

梦实现之前，我们首先要做的是：不忘初心，做好本职！每位干部都是多重角色，于上级，自己是执行者；于下级，自己是决策的管理者。所以，干部带头做好自己，做出标准，带出示范，实实在在为师生做幸福工程，既做好一名管理者，也要做好一名执行者。

以情感教育为核心开展中职学生德育工作

副校长 洪涌

[摘要] 处在青春期的中职生，在心理发展方面具有特殊性。一方面，他们生理成熟前倾，心理成熟滞后；另一方面，他们缺乏实际生活经验，由于理想与现实时有矛盾，从而产生心理冲突，容易导致心理失衡或心理障碍。因此，中等职业学校的德育工作应关注学生的心理健康，重视情感教育的作用，营造和谐的师生关系和校园育人环境，促进学生人格的发展和完善。

[关键词] 中职生　情感教育　德育工作

著名教育学家苏霍姆林斯基说过："没有情感，道德就会变成枯燥无味的空话，只能培养出伪君子。"现代科学的发展告诉人们：健康必须包含身心两方面的健康。作为一个中职学校教育者，必须运用现代心理学的有关理论，关心学生的心理健康，重视情感教育的作用，积极探索新的教育方法，有针对性地为学生量身定做适合他们的教育，营造和谐的师生关系和校园育人环境，促进学生人格的发展和完善。

一、中职生心理发展的特殊性

（一）心理性格特征

1. 喜欢交朋友

喜欢交友是中职生的一个明显特点，中职生与普通高中生相比，区别在于中职生更擅长"察言观色"，更能够"善解人意"。老师很容易和他们打成一片，成为他们的朋友。说他们善于交往可以从两个方面来理解。一方面，乐于进行人

际交往，交往频率高，交往能力强；另一方面，交往的对象更加广泛。不仅仅是老师、父母、同龄人，还有社会阅历及背景复杂的人。

2. 兴趣较广泛

中职生处于兴趣广泛的年龄阶段。职业学校摒弃了普教重视升学率的教育模式，中职生从升学压力中解放出来，从零开始，可以充分发展自己的特长，培养自己的兴趣爱好，使身心得到锻炼，情操得到陶冶，各方面素质得到提升。职业教育是一种定向明确的教育，系统的专业学习为中职生思维品质、认知能力等发展打上了专业的烙印。他们寻求解决问题时多了一些专业的新视角。如专业素养的培养从每个人的言行举止开始训练，从最基本的要求开始，这也是行业的需求。达到行业的标准是自身成长发展的需要。在这个观点上，学生能够理解，沉稳、自信、坚毅、宽容等这些与职业相关的心理品质在这一阶段可以得到相应的培养。

3. 社会化倾向

多数中职生毕业后会走向社会，不像普通中学的学生那样有一个缓冲期，所以在校中职生已经有一种准社会人的自我意识，急切地想按社会需求塑造自己的行为。因此，他们表现出来的是明显的社会化倾向，例如在打扮、交友和处事上都有自己的看法。而时代与文化的开放性使中职生在性格上表现出开放性，他们愿意也需要与他人进行交流，互相传递信息，但是这更多是与同伴群体交流。尽管他们需要得到成人的指导，但总觉得应有自己的隐私和秘密。更重要的是他们认为自己的一些想法家长和老师是不会理解或关心的，所以不愿坦言相告。但是他们内心却想要寻找心理支持，他们需要真诚的理解、关爱、呵护、帮助。

4. 厌学的心理

中职生部分学生缺乏刻苦学习的精神。在学习上没有养成良好的学习习惯，也没有找到合适自己的学习方法。因为不会学而学不好，因为学不好而不想学，导致学习上失去目标。学习动力严重不足，产生厌学的心理与行为，形成学习上的恶性循环：越不努力成绩越差，成绩越差越要放弃。

5. 自卑与自尊

目前社会对职业教育普遍还存在一定偏见。一些中职生普遍认为自己与同龄人比较，未来似乎比较渺茫，因此具有一定的自卑心理。这种自卑心理与强烈的自尊心交融在一起，使他们变成了内心冲突的个体，表现在行为上的无所适从，有些怪异，甚至用过激的行为方式去掩饰自己可能受到的伤害。比如，逃课、顶撞老师、打架斗殴等违纪现象，以此做法显示自己的勇敢，渐渐形成反社会人格倾向，产生逆反心理，这些都是自尊心不健康发展的表现。所以在这一阶段是严重的自卑感与强烈的自尊心交织。

6. 迷茫的青春

处于青春期的中职生情感丰富而又敏感，渴望表现，但又过于注重他人的看法，心态上未能克服矛盾、羞涩、畏惧等心理。他们开始关注异性，渴望了解异性，对异性充满好奇而又感到羞涩、紧张、迷茫。大量复杂的情感中就出现了不知如何面对异性的难题，这正是每个人成长中必定会经历的阶段性感受。中职生对性不再一无所知，对性问题上中职生存在前所未有的开放和透明。而中职生的开放，有些是父母默许或支持。学生当中再也不会因为谁有异性朋友而大惊小怪。反而因为怕自己没有异性朋友而被人笑话，认为学校、家长不应该过多干涉他们交异性朋友。因此在处理学生谈恋爱的问题上我们认为，学生面对的问题不仅是认识什么是性，而是如何科学、理性地认识性，树立健康的性意识和性观念。

（二）心理需求特征

1. 希望有成功的未来，但缺乏意志力

意志力是指一个人自觉地确定目的，并根据目的来支配调节自己的行为，克服各种困难，从而实现目的的品质。随着中职生生理、心理的逐渐成熟，社会责任感、自我成熟感日益增强，他们内心希望自己能有一个成功的未来，一个美丽的人生。但由于大多数情况下他们确定目的往往是被动的，对目的的坚持缺乏持久性，思维敏捷，但易激动、易从众，在困难面前往往表现不自信、退缩，从而导致距离成功越来越远。

2. 被尊重理解但缺乏正确的自我认知

理解是人生存于社会中一种必不可少的需求。同样，作为社会一员的中职生来说也不例外。他们要求自尊、自主、自立，反对过多约束、干涉、指责、控制。但同样他们缺乏正确的自我认知，一味地认为自己所做的每一件事、自己的每一个想法都是正确的；而家长、老师的教育是旧的思想、旧的观念，是对自身人权的一种侵犯，为此产生抵触心理，这对中职生的心理成长是极其不利的。

3. 希望交往但自制能力差

心理学家指出人都需要被爱，需要被人接纳，没有正常的人际交往，人的心理健康也会受到影响。中职生正处于美好的青春，又是情感断乳期，在独立生活、学习方面存在许多困扰，烦恼也会随之增多。积极的人际交往，可以帮助他们缓解心理的压力，有利于他们的身心健康。但中职生由于所处环境，自身对问题的片面理解，对好、坏缺乏正确认识，从而导致其出现消极的人际交往。

4. 希望求知但学习能力较弱

随着社会竞争的日益激烈，活生生的各种例子告诉中职生们，唯有知识才能改变命运，才能在社会中立足，从而使中职生产生了危机感。激发了他们的求知欲。但由于中职生大多数是对学习缺乏兴趣，学习目的不明确，学习动力不足，对学习的态度往往是蒙混过关、得过且过，思想上不思进取，从而导致学习能力差，自立性不高，未能掌握正确、合理、适合自身情况的学习方法，当希望得到更多事实时，这已成为最大的一块绊脚石。

5. 希望获得工作但缺乏就业能力

就业能力是工作中必不可少的一项重要能力。就业能力的缺失，已成为中职生面临的一个严峻的难题。就业能力大体包括职业能力，即从事某种专业工作所需要的各种知识和能力，包括专业技能、人际关系、独立解决生活中的各种困难的能力、对环境的适应能力等。中职生们渴望成长、独立，早日摆脱老师、家长的管束，对获取工作的愿望也就越强烈。但由于中职生在以往的学习、生活中，未能有意识、自立地培养这方面的能力，从而导致中职生的就业压力越来越大。

即使是有一个好的机会,但能否把握机会获取更大的发展,这已成为中职生所面临的一个严峻问题。

二、教师应树立正确的学生观

中职生虽然在学习方面可能稍显弱,但在活动及动手能力等方面并不落后。比如我校烹饪专业的陈同学在文化学科方面成绩较差,尤其是数学和英语两学科更是从未及格。但该同学在专业方面兴趣非常高,常常在课后利用业余时间练习刀工技术、雕刻花卉等,并在全校的技能竞赛中获得了奖项。可以说,中职教育就是关注学生特长的教育。因此,教师需要了解学生的心理发展特征,理解学生的各种需求,多挖掘学生的闪光点,树立正确的学生观,给他们以特殊的关爱,换个角度来欣赏和激励学生,学生会在你欣赏的眼光中感受到一种力量,从而有新的动力和进步。

三、教育学生要讲究育人的艺术

我们都熟悉的孙悟空与观音菩萨的故事告诉我们:没有观音的引导,悟空永远只能是一只占山为王的猴子;没有观音的慧眼,悟空这匹千里马只能在五指山下吃草;没有观音的束缚,悟空就不能走上正道,西天成佛。所以,如果你是观音,那么你的学生就是悟空;如果你的学生是孙猴子,那么你就要做那会念紧箍咒的观音菩萨。

1. 利用多种途径与学生进行良好沟通

白居易说:感人心者,莫先乎情。要和学生进行有效的沟通,我们就应走进学生的生活,以学生喜欢的方式和他们沟通。比如现代城市的学生普遍对网络较为熟悉。许多学校都有学生在网上谩骂学校和老师的现象。为了深入地开展学生的教育工作,发挥教育在网络中的积极引导作用,我就在百度贴吧上也当个小吧主。许多学生都给我回复,向我倾诉。通过学生们的表达,我深刻地感觉到师生之间的沟通很重要,有了良好的沟通,互相才能理解;有了理解,才能产生信任;有了学生的信任,教育才能发挥实效。除了贴吧和传统的教育交流形式外,我们也可以通过 QQ、QQ 群或电子信箱等多种形式与学生开展交流。下面便是学生在我的贴吧中留下的文字创作，让我深受感动，也对我很有启发。

54 回复：我可爱的学生都进来
初来旅校觉得很闷，
做事勤快但还是笨，
专业技能学得太嫩，
还被主任逮个正着，
严厉教诲站着发愣，
不吭半声把错给认，
经过主任批评以后，
凡是都得想得更透，
决定改过把脸大瞪，
从此以后百战百胜，
全都莫过于洪主任。

吴某

作者： 59.50.149.* 2007-5-21 21:03　　回复此发言

2. 师生情感融洽为德育提供了最佳平台

俗话说：数子十过，不如奖子一功。让学生处于好心情之中接受教育，为德育提供了良好的情绪背景，能提升德育的效果。同时教师在教育中也能感受到快乐。

融洽师生关系的基础是师爱，但正是这方面暴露出我们教师所面临的状况令人担忧。原因在于：教师不懂示爱，学生不理解。融洽师生关系，使学生形成亲其师、信其道的从师心态，为外部教育深入学生的心提供了最佳平台，通过内外教育共同提升德育的效果。

融洽师生关系，在于将爱生之情化为满足学生合理需要的行为。学生渴望接受的是富有情趣的老师，因此，在学校里，校长和教师首先应是情绪饱满、情感丰富而敏感度高的人，是人格积极、好学向上的人，是追求个人精神世界充盈的人。这样的老师才能感染、鼓舞学生，才能走进学生的心灵，培养学生积极的情感态度，树立良好的职业形象。

3. 学科教学是落实教育要求的重要渠道

教书育人是我们的天职，教师可以通过课堂教学来陶冶情操，渗透职业意识，增进德育的效果。因为学生进行学科学习的同时，获得情感上的积极体会，在陶冶情感的同时接受教育。在基础教育新课改中，学生是最大的受益者，新课改突出了学生的主体地位，培养学生自主学习的能力，激发学生学习的热情，树立一种尊重学生、把学生当作学习主人的意识。在职业学校，我们更应该紧密地结合行业和市场需求挖掘德育内涵，从课堂教学入手，从活动细节入手，从专业训练入手，注重学生的职业能力培养，让学生在做事中学会做人。如在上形体课时，作为任课教师，我在授课前首先结合专业需求、明确培养学生得体、端庄、大方、自信的教学目标。在上课过程中，针对每位学生培养他们优美的体形、健康的心理素质、优雅的肢体语言、秀美的表情与气质、团结协作的集体意识等，让学生在学科教学中感受德育教育，陶冶情操。

教育的途径和方式多种多样，教育的时机可能瞬息发生。中等职业学校的德育工作应关注学生的心理需求，重视情感教育的作用。让我们做一个用心的老师，做一个积极主动的老师，更多地关注那些学习上有困难、情感上需要援助的学生，营造和谐的师生关系和校园育人环境，促进学生人格的完善发展，实现教育的目标，培养合格的职业人。

（此论文获 2008 年德育年会优秀成果一等奖）

开卷有益

——小议干部学习的重要性

工会主席　吴多斌

学校为了打造一支学习型的干部队伍,坚持每周四的行政会的干部学习(心灵鸡汤学习)。与上个学期相比,本学期的鸡汤内容又有了新的扩展,似乎营养更丰富,味道更值得回味。每一次"心灵鸡汤"学习,都能让人的心灵得到洗涤,从中领悟为人处世之道,开阔自己的胸襟,启发自己的智慧,使自己的理论基础、道德水准、业务修养等方面有了比较明显的提高,进一步增强了做好新形势下本职工作的能力和信心。参加本学期干部心灵鸡汤学习,本人主要有以下几方面体会和收获:

1. 通过"心灵鸡汤"学习,使我进一步增强了对学习的重要性和迫切性的认识

21世纪是知识经济社会,是电子化、网络化、数字化社会,其知识更新、知识折旧日益加快。一个国家,一个民族,一个个人,要适应和跟上现代社会的发展,唯一的办法就是与时俱进、不断学习、不断进步。作为一名教育工作者,担负教书育人的神圣使命,如果没有广泛地学习,不断地"充电",提升学习能力、提高自身修养,只满足于停留在原有的水平上,很快就会被时代淘汰。即使是一个工作上尽心尽力的人,如果不接受新的知识,也难以胜任新形势、新情况下的岗位。通过干部"心灵鸡汤"的学习,使我进一步认识到了学习的重要性和迫切性。认识到要面对不断更新的工作要求要靠学习,要靠培训,要接受新思维、新举措;要通过学习培训,不断创新思维,以创新的思维应对竞争挑战。我真正认识到加强培训与学习,是我们进一步提高业务知识水平和综合工作能力的需要。只有通过加强学习,才能取他人之长补己之短。

学习要立足于工作进步和修养提高,广泛学习一切有益知识。此次干部的学习内容涉及很广，有工作态度方面的，也有生活心态方面的；有关于工作方法技巧，也有关于改革创新理念的。如果把这些方面的学习同自身的工作实际紧密结合起来，做到学与用相结合，求知与修身共进步，就能使自己的知识结构更加全面合理，个人修养将得到全面提高。

2. 通过"心灵鸡汤"学习，使我清楚地体会到要不断加强素质、能力的培养和锻炼

首先，是要不断强化全局意识和责任意识。"全局意识"，是指要站在全局的立场考虑问题，表现在政治上是一种高度的觉悟，表现在思想上是一种崇高的境界，表现在工作上是一种良好的姿态。我们中层干部由于所处位置不同，思考问题常常局限于部门利益，导致工作上由于认识不足、执行不力，影响学校的全局工作。要有全局意识和责任意识，就是要求我们要有超前的思维，要有悟性和创新精神，而不仅仅是做好自己负责的那一方面的工作，要始终保持开拓进取的锐气。我们要牢记"全局意识"，自觉适应目前形势发展需要，认真学习实践科学发展观活动，不断增强使命感和社会责任感，提高自身能力素质和调整好精神状态，为学校发展献计献策，贡献力量。

其次，是要加强沟通与协调，熟练工作方法。要学会沟通与协调，要善于与领导、职工、相关服务部门进行沟通，要学会尊重别人，不利于团结的话不说，不利于团结的事不做，积极主动地开展工作。要经常反思工作、学习和生活，把反思当成一种文化，通过反思，及时发现自身存在的问题。正如陈文涛主任分享的《妥协双赢》文章里所说的，妥协不是一味地让步，它是双方就工作达成的共识，是协调后的妥当。

再次，是要宽宏大量，学会包容。包容是一门艺术，是一种境界，要达到这种境界，就必须拥有博爱之心、博大的胸襟，还要有一份坦荡、一种气概。包容是赢得朋友的前提，包容是人生的财富。包容不等于迁就和放任自流，包容别人的过错，是为了让别人更好地改过，与人相处要学会容纳、包涵、宽容及忍让，做到心理相容。人生苦短，有高潮也有低谷，有甘甜也有苦涩。正如梁海珠部长分享的《茶语清心》一文里所说的，茶如人生。在工作中学会包容，保持一颗平常心，不以物喜，不以己悲，或许就能收获更多的生活喜悦和工作快乐。

最后，是要改进工作方式，增强综合素质。一个人在某一个部门某一个岗位工作时间久了，很容易形成思维定式或产生经验主义，面对一些复杂的问题时，总爱把自己的观点强加给别人，有时甚至以权压人。学习谭蓉部长的《不要以为自己就是尺度》一文后，我深感不安，自己在生活中和工作中，是不是也曾经如此。经过大家讨论，我对工作方式的认识，又有一番深层的感悟：尺度就是标准，就是原则，就是制度。它有刚性的一面，也有柔性的一面，既要论理又要讲情。总之，它因地制宜，与时俱进，但又有底线；它是一门科学，也是一门艺术。反思自己，需要改进的地方还有很多很多。

开卷有益。一年的学习，我收获颇多，感触颇深。学习是一个无止境的过程，一边工作一边学习，正如古人所说的：路漫漫其修远兮，吾将上下而求索。

转变观念　抢占职业教育的制高点

原工会主席　刘统民

随着社会的发展，经济结构的变革和调整给职业教育带来了新的冲击，经济的发展对职业教育的发展提出了更高的要求，职业教育的发展进入了一个转折期。职业学校只有转变观念，不断探讨新的发展思路，寻找新的"增长点"，才能抢占职业教育的制高点，在日渐激烈的竞争中脱颖而出。

一、职业教育要树立面向市场的发展观念，走好经营之路

职业教育作为与市场经济联系最为密切的教育形式，办学受市场的影响很大，因此职业教育要紧紧把握市场的脉搏，以市场为导向，树立经营意识，进行市场化的运作，才能立足市场，才能抢占职业教育的制高点，才能走向更快更好的发展。

面向市场发展的职业教育，既要立足生源市场，又要瞄准人才需求市场。没有学生职业学校就无法生存，我们必须把握住生源市场，不但要加强自身建设，增强自身实力，在竞争中取胜，还要不断地去发现生源，扩大招生市场。随着全球经济一体化的发展，劳动力流动将不断加快，主要表现在企业需要劳动者技术转换更新，周期不断缩短。为此，职业教育"学生"这一概念不仅仅是具有学历意义上的学生，而是凡可培训的人都是职业学校的学生，这就扩大了职业学校的招生市场。而且，随着市场经济的发展和其不断融入国际市场的趋势，这个市场的生源会源源不断。可见，面向市场办学是职业教育保持永恒生命力的关键。

职业教育是根据市场的需求培养人才的，市场需要什么样的人才，职业教育就应该培养什么样的人才，这就意味着职业教育的发展必须面对另一个市场，即

广阔的、始终变化的人才需求市场。因此，职业学校要搞好社会人才市场调研，充分了解市场需求信息，根据市场需求来设置专业，组织教学活动，设置人才培养目标。还要加强职业学校与企业、行业等用人单位的联系，实行"订单式"教育，实现学校和企业之间的"零距离"合作，搭建中等职业学校与企业之间的"互动式立交桥"。

瞄准了人才需求市场，职业学校也就抓住了办学的主动权。职业学校不能自我封闭，那种置社会需要于不顾，不问市场变化的办学是没有出路的，因此，职业教育要想有更快的发展，就要提高认识，转变观念，树立经营意识。职业教育不应该是向社会供应人才，而应是适应市场需求培养人才，是适应型而不是供应型教育。

二、职业教育要树立市场多层次的办学观念，大力开展社会培训

面对当今的人才市场需求情况，职业教育单一的办学模式已严重地束缚了学校的发展，职业学校要发挥现有资源优势，坚持与时俱进的办学思想，转变观念，广辟办学途径，实现多层次办学。在原有职业学校的基础上，积极探索社会培训、中职与高校联办、与社会力量联办等多种形式的办学途径，力争实现多时空入学、多层次毕业，把职业教育办成人才成长的"立交桥"。

新时期的职业教育应该是学历教育与培训教育的结合。人们在从事职业活动之前，需要接受职业教育准备；在职工作时，应根据职业岗位内涵的丰富，技术的革新以及要求的提高，接受职业提高教育；在转岗时，面对新的职业选择，必须接受职业拓展教育。在现代社会，职业教育客观地贯穿于每个人的一生。所以，职业教育要逐步向短期、高效、多层次等方面发展，才会不断地适应知识经济时代的再教育要求。职业学校应该拓宽办学思路，为任何愿意接受培训的人提高培训的机会，无论什么样的人都可以利用短暂的时间，选择适合自己的培训方式，达到预期的目标。

三、职业教育要树立综合性人才观念，以培养职业综合能力为教育之本

职业教育是一种具有特殊性质和重要任务的特色教育，主要是培养具有全面素质和综合职业能力的人才。随着社会和经济的发展，这个任务表现得更为突出，现代职业教育已从单纯的职业技能培养走向培养学生持续发展的能力。美国劳工部曾指出，未来劳动者应具备五种关键能力，即处理资源的能力，处理人际关系的能力，处理信息的能力，系统看待事物的能力和运用技术的能力。由此可见，重视学生综合职业能力的培养，培养综合性的职业人才，已成为世界性职业教育发展的重要趋势，这也是我们急需转变观念的原因。

在知识经济时代，劳动者已不可能以某种职业能力为终生不变的职业，这就需要劳动者具备很强的适应能力和创业能力，能够迅速地迁移所学知识于新的环境，能够迅速地更新知识以适应新生行业或转换职业的要求，从而在激烈竞争的就业市场中立于不败之地。此外，学校的学习只是接受教育的一个过程，更多的知识和技能需要在工作中不断补充和提高。因此，职业教育必须以职业综合能力的培养为本，培养具有多种能力的复合型人才。

综合职业能力的培养有利于学生学会生存。学会生存是顺利适应现代化世界的敲门砖。随着科技进步和经济活动规模的扩大，岗位的相互替代性，新型劳动组织和管理机制的出现，都会增加劳动者岗位的不稳定性，进而要求从业者以稳定的心理适应职业的变迁。综合职业能力的培养，特别重视学生的心理训练，既强调智力因素的开发，更注重非智力因素的开发。通过各种教育形式，增强学生承担实际生活中产生的各种心理压力的能力，使学生具备处理各种关系和适应各种环境的能力。因此，职业教育者要转变人才培养的观念，以培养综合职业能力为本，为学生毕业后的敬业创业铺平道路，为职业教育的可持续发展打下坚实的基础。

四、职业教育要树立人文教育观念,重塑学生的心灵和品格

人文教育要求始终把人当作教育的主体,注重对学生进行人生观和价值观的培养,全面发掘人的长处,关注生命价值的升华。

正确认识职校生,选择适合他们的教育方法。以往考入中职的学生都有一定的知识基础,素质也要好一些,现在则不同,所以我们要转变观念。如果以前是"得英才而教之",现在应该是从教育的过程中培育英才,用适合他们的教育方法去培育他们。研究表明:职业学校的学生有着巨大的潜能,关键是教育者如何去开发,去引导。实际上处于同一年龄层次的学生由于种种原因,在知识储备、行为习惯、智力水平、身体素质、个性品质等方面必然存在差异,但每个人都有成功的潜能,关键在于潜能被发现、开发和利用的程度如何。这就要求我们必须树立以开发、发展学生潜能为中心的教育功能观,善于发现学生的特长,密切注意学生能力发展的动向,试探并力求及早发现学生潜在的特长。职校学生是一座需要开采的矿藏,一束需要点燃的火把,教育者要用自己的教育行为,去点燃学生追求成功的希望。实施人文教育,要对学生进行情感的熏陶和品格培养。步入职业学校的学生常常会有一种失落感,总以为自己不是当代的精英而自惭形秽。因此,我们职业学校一定要把这些学生看作一个真正的独立的"人"——既具有独立个性,拥有创新精神,又能自我建构、自我发展的人。教育工作者应自始至终关注学生的发展,给予学生全面温馨的人文关怀。教师不能再依照教材的内容要求学生做什么,而是把教学变成师生之间的一种对话,这种对话既指言语方面的显性交流,更是指双方在精神上的隐性交融。师生间的这种心灵上的沟通与互动,是学生重塑自我、追求成功的催化剂。教学不仅仅是让学生获得一种知识,更重要的是让学生拥有一种精神,获得一种动力,明确对生活的态度,产生不懈追求理想的渴望。这样学生就会逐步摆脱过去思想上和学习上的障碍,逐步养成良好的学习习惯,培养起自律的优良品质和性格。

学而思，效且优

办公室主任　周建充

新的时代要有新思想新作为。这给我们的工作提出了更高的要求。如何在学校管理工作中适应更高的要求，适应新时代，实现新作为，促进管理更科学、更高效？窃以为，勤学多思，不失为好的途径和方法。

勤学，提高修养促进工作

很是有幸，每周四上午行政干部例会，学校均安排一个小时的学习时间。每周一小时，乍看不多，但我们长期坚持，也非常可观，积累也是满满的，受益更是良多。学习的内容、形式丰富多彩，有好文共读，好书共享；聆听讲座，分享报告；传达精神，贯彻政策。全体干部一起学习，探讨交流，观点碰撞，且每周坚持，持之以恒，难能可贵，有所收获。大家敞开心扉，联系实际，充分交流，积极实践，有所裨益。

提高个人修养。修养是个人综合素养的体现，作为一名教师，要有教师的修养，作为一名学校的中层管理者，更要具备管理者的修养。个人修养包含有态度、涵养、正直、勤业、乐业等，所有这些无论是对于工作还是带领团队都会起到非常重要的作用。对于工作，会高效地做好各项工作；对于带领团队，会凝聚团队的所有力量，会让团队保持积极向上的工作态度。管理者的个人修养，也是团队的一个标杆，是团队的一个向心力，怎样的个人修养，将带出怎样的团队。学习从多方面提高了我的个人修养，如学习《茶语清心》，从茶中悟出了为人处世的道理，悟出了在纷繁复杂的世事中学习茶的品质，学会要时时清心，保持自己思想的纯洁；学习《没有问题才是最大的问题》，学到要以积极的态度来对待工作，不要被习惯所蒙蔽，不能报喜不报忧，只满足于表面的现象，这是极端危险的。

掌握工作方法。方法是提高工作效率的重要保障。一项工作，如方法得当，不光效率高，效果也好。反之，则不光效率低下，甚至贻误了工作，影响了全局。通过学习，要总结自己的工作方法，也从其他干部那里借鉴好方法，使工作方法逐渐丰富。学习《用流程解决共性问题》一文，通过分析其中的案例，可以明白"系统解决问题"的重要性，由此得到启发，提高用系统的方法解决共性问题的意识，并在工作中进行实践，从而获得效果。就像此文中所说的："世界上没有一劳永逸的事，问题总是千姿百态、层出不穷……遇到问题，多问几个为什么，找到根源，用系统的解决方案根除它，才可以为组织不断增强免疫力和提升工作效率。"学习《只卖六道菜的餐厅》一文，其中追求特色和创新的经营方法令人印象深刻。追求特色和创新这既是方法也是一种很好的意识和思想。在部门工作中保持追求特色和创新的方法、意识和思想，这是由做完工作过渡到做好工作的提升。学习《附耳细说》一文，我们会知道如何更有效地进行表扬和批评。

荀子说："吾尝终日而思矣，不如须臾之所学也。"总之，学习是提高管理者素质和能力的有效途径之一，所谓开卷有益，学无止境，让我们以此共勉！

多思，提高效率优化管理

《再忙也要留出思考的时间》告诉我们，培养思考的习惯和意识，会让人更有涵养，工作更加高效。正如文中所说："再忙也要留出思考的时间，一小时的思考胜过一周的忙碌。因为只有思考才能帮助我们从无效走向有效，只有思考才能帮助我们从有效走向高效。"每件事、每项工作，常常要提前计划、周密部署；事后及时总结成功的经验和不足的教训，从而不断促进今后工作的创新和高效。这都离不开思考和反思。多思，让工作更高效，让管理更优化。管理者对工作常思考、常反思，对学校教育教学、学校管理及团队建设等工作均会得到很多启发。

随着国家对职业教育愈来愈重视，职业教育上升为国家层面的战略，各地职业教育正从"拓规模"向"强内涵"转变。我校在成功创建全国示范校的基础上，确定了重视内涵发展的基本思路，近年来的工作均以内涵发展为核心。随着新时代的到来，学校管理的科学、高效、优化是加快我校内涵发展的内在要求；提高人才培养质量是我校内涵发展的核心任务，最终目标是做到学生人人出彩，就业有方，升学有路，出国有门。学校发展的现实要求，迫切需要建设一支业务能力高、协作服务意识强、具有奉献精神的精品团队，以更好地实现学校新作为，助推学校内涵发展。其中干部团队建设显得尤为迫切。团队精神是干部团队建设的核心——大局意识、协作精神和服务精神。我们要多思考如何培养干部的核心精神，强化干部讲奉献、担责任、提高服务的意识，提高干部的管理水平；做到识大体，摒弃小部门意识，具备全局眼光。以自己所在的部门——办公室为例，作为学校各部门工作的协调部门和服务部门，在日常工作中发挥着重要的作用；同样，作为办公室的管理者，自身管理水平将决定着这一重要部门能否发挥好其协调、纽带的重要作用。我们要做到工作常思考、多思常新、积极实践，使管理理念和管理方法都得到丰富和创新，管理水平也会得到逐步提高。只有这样才能使部门团队不断进步。我们大家团结一致，加大工作干劲，心往一处想，劲往一处使，才能很好地完成各项工作任务，促进本部门有效管理，从而也促进学校的不断发展。同样，作为学校里一个协调上下、内外部门的干部，要有更强大的全局眼光和大局意识，即格局要高。只强调部门意识或本位主义，将会阻碍工作的开展，也容易使自己囿于一个小圈子，窄了思路，隘了思想，协作也就无从谈起。学校管理如同一盘棋局，每个棋子均有自己的位置和职责，然而开局后，必须联动协调、配合推进，才能产生最强的战斗力。全局意识和协作精神的提升，需要我们从以下两点来深入思考：一是加强学习。可以自我学习和外在培训有机结合，很好地开阔管理者的视野和胸襟。二是建立轮岗机制。在考虑个人专长的前提下，校内最大可能地安排干部轮岗流转，有利于丰富工作视角，增强换位思考意识，更利于学校整体工作的有效开展、优化推进。

管理是一门高深的科学，我们要不断加强学习，不断强化思考。学校管理更是如此。我们的目标是管理高效、运行顺畅，不断优化学校各项工作，从而共同、整体地推动学校管理科学前行。

追求卓越

在前行

教务处主任兼旅游管理系主任　潘雪梅

时光飞逝，转眼间，一个学期就这样结束了。细细想来，一个学期一直在忙碌中度过。三月的技术节，四月的省技能比赛，五月的校庆，六月的国赛，七月的示范校收尾，一件接一件的大事，一次又一次的挑战。停下来看看，想想，是多么不平凡的半年啊。苦过，累过，笑过；担忧过，失误过，也成功过。庆幸自己不辱使命，感谢同事全力配合和支持。作为一个中层管理干部，在这个特殊的学年中颇有感触，一周一次的"心灵鸡汤"更是我们前行中的加油站。一语，一言，似提醒，似感悟，似不曾说出的内心之言。反思，沉淀。

一、终点就是目标，条条大路通罗马

团队的力量是决定胜负的关键。我所在的部门是教务处，事情烦琐，要求细致准确，每个人在自己的岗位上都有自己的任务，并且不能出现差错，每一个环节都可能影响成败。但是每个人都有自己的个性和特点。作为领导者，统筹，分工，协调，使每个人的能力得到最大的发挥才是管理的重点。工作中，个体的差异是绝对存在的。有人性情急，有人动作慢，有人干活先易后难，有人做事迎难而上。无论是哪种方式，大家的目标都是一致的，为了更好地完成工作任务。作为管理者，不能以个人工作作风和工作方式的喜好来评判别人。大家目标一致，用各自擅长的方式去面对工作的问题，求同存异，各司其职，最终都能取得良好的结果。

二、既要埋头拉车，更要抬头看路

"忙不忙？""忙死了。"是的，在这个学年里，忙碌成为常态。每个人都在忙碌中做着或分内或分外的工作。有人云，忙者心亡。确实，在忙碌中疲以应对各项事务，心中想的就是怎么把事情做完。至于如何完善如何创新就很少考虑，更多的是一种不求有功但求无过的心理。在这种状态下，粗看，各项工作似乎在正常的轨道上进行着，一件件事务好像也得以处理。仿佛一切都在正常之中。一切确在正常之中，但是细细想来，一切却都停滞不前了。每个人原来在辛苦中忙碌地原地踏步，在工作中，个人能力不能得到提高，所做的事也难以上一个新台阶。管理者尤忌这样只顾埋头拉车而不抬头看路。不但个人出现这样的情况，部门管理更是陷入一片繁忙中，常规工作做不到常做常新；突来任务，只能基本应对，无法追求更完美。所以，作为管理者，在忙碌中保持头脑的清醒至关重要。埋头拉车，更要抬头看路。在完善自我的同时，让你周围的人也得到进步，将工作任务完成得更出色。

我们在前行。

勤于学　善于做

德育处主任　符祥泉

学校非常注重干部队伍的建设，每学期都精心安排了一系列的"心灵鸡汤"学习。本学期学习了：教研室钱玲主任推荐的《没有问题才是最大的问题》、教研室冯浪副主任推荐的《只卖六道菜的餐厅》、培训中心潘诚主任推荐的《附耳细说》、培训中心陈文涛副主任推荐的《妥协双赢》、一部黄蕾部长推荐的《再忙也要留出思考的时间》、一部梁海珠副部长推荐的《茶语清心》、四部谭蓉部长推荐的《不要以为自己就是尺度》等七篇文章，颇有感触，且受益匪浅。下面本人就如何做好一名旅校的中层干部谈谈自己的一点儿感触。

一、做一名善于学习的干部

通过一年的"心灵鸡汤"学习，本人深深感觉到要当好一名中层干部，既要努力工作，又要善于学习。知识的丰富是提高领导能力、工作能力的基础。作为一名中层干部，必须牢固树立终身学习的理念，尽可能地挤出时间学习，不断汲取新的知识，努力掌握新的理论，争取做一个知识型、学者型的中层干部。只有善于学习的人，才能善于工作；不会学习，也就不会工作；一个人怎样学习，也就怎样工作。

二、以平常心态对待自己

学校中层干部，也是一位普通的教师，切不可给自己戴上"高帽"。中层干部，是某项具体工作的临时负责人而已，在工作时要能坚持原则，负起责任，保持廉洁，注意形象，完成本职工作。在平时与老师们的相处中，要放下架子，融入他们之中，和他们打成一片，不要有"一人之下，众人之上"的优越感。要以平常心态对待自己,在老师们面前不要摆架子、打官腔,业余时间多和他们谈心交流。老师们有困难时要尽力帮忙,让他们觉得你既是领导又是"哥们",愿意和你接近,有心事找你谈心,有困难找你帮忙,只有这样,你才有可能带领老师做好工作,才有可能当好学校中层干部。

三、要有吃苦耐劳的工作态度和乐于奉献的敬业精神

这是每位领导干部必须谨遵的原则。作为处室的领导,应该既是指挥员又是战斗员,既要做教师的"指挥官",又要做教师的"勤务兵"。在工作中,学校中层干部要积极协助校长做好工作。属于自己的本职工作,一定要尽心尽力、肯吃苦、肯下功夫。要切实承担起自己分管条线的工作任务,充分发挥自己的聪明才智,带领老师们做好条线工作。在具体工作中,要率先垂范,身体力行,带头给老师们做出榜样。假如我们总是在那里发号施令,不做任何具体工作,只管监工、验收,那么头一两次,也许会有人服从我们的命令,听从我们的指挥,但绝不会超过三次。因为在老师的眼中:你是学校的中层干部,就是各项工作的带头人,你带头了,老师就听你的,跟着你干;你不带头,老师当然也就没必要听你的了。所以,作为学校中层干部,在具体工作上,在和老师的相处中,一定要率先垂范、吃苦耐劳。

学校中层干部的领导能力和管理水平更是搞好一所学校的核心所在,所以,要想当好学校中层干部,我们需要学习的东西还很多,期待下学期的"心灵鸡汤"学习。

责任与意识

——兼谈学校干部工作心得体会

招就处主任　谭家来

作为一名已有十余年工作经历的中层干部,深深地体会到学校的发展离不开德才兼备的教师队伍,离不开一支得力能干的干部队伍。中层干部是校长施政的左膀右臂,校长的决策要通过中层干部来严格执行和落实,才能收获真正的实效。因此,提高干部的意识和能力是做好学校干部工作的重要因素。

一、树立三个意识

1. 责任意识

学校是一个有机整体,因分工不同,每一位干部都分管一块工作。我个人认为,岗位就是责任。作为干部,在其位要谋其政,无论在哪个岗位上,努力做好本职工作是自己的职责所在,只有在做好了本职工作之后,你才有能力去承担本职工作之外的事情。如何才能做好本职工作,我的理解就是要尽心尽职。尽心就是全身心投入到工作中去,尽职就是尽自己所能做好本职工作,在工作中勇于承担责任。

2. 团队意识

中层干部的角色定位决定了我们特别要增强团队意识和合作精神。我个人认为,所谓的"团",指的就是一个整体。从大的方面来看,作为一名干部要有全局观,工作上积极配合其他处室和干部;从小的方面来看,作为中层干部要带好自己的分管团队。加强团队合作意识,首先要讲团结,注重团队关系和谐,营造愉快的工作氛围;其次在工作中自己要率先带头,发挥表率作用,做人真诚,做事公正;最后要经常进行沟通,及时消除误解,开诚布公地指出问题和不足,对事不对人，真正做到劲往一处使、分工不分家。

3. 服务意识

中层干部的工作是具体、烦琐的管理工作，主要的对象是老师和学生，因此，在工作中要牢固树立为师生服务的意识，把提供优质服务贯穿分管工作的始终。尤其像我们招生就业处，除了为师生做好服务工作外，还要为我们的合作企业提供优质的服务，做到学校、企业、学生三方共赢。

二、增强三种能力

1. 增强执行力

俗话说，领导做决策，中层抓落实。如果说领导决策是"做正确的事"，那么中层落实就是怎样"正确地做事"，这个"事"就是指决策层既定的"正确的事"，中层干部要思考"怎样做和如何做得更好"。从这个意义上说，中层干部的执行力的大小直接关系工作的质效。对我个人而言，执行力就是要按时、按质、按量完成自己的工作任务的能力。

2. 增强学习能力

学习能力是一个干部更好地开展工作的基础，学习能力的强弱直接影响工作水平的高低。在工作中，我们不仅要埋头苦干，更要善于学习。在新的形势下，对中层干部不断提出新的要求，只有做到善学、恒学，才能真正成为一个学习型的干部。多年的工作经历证明，在同一起跑线上的同学和同事，多年以后，素质、能力、视野和个人成绩却大不相同，这其中有机遇的原因，也有很多其他因素影响，但这些都是外因，最根本的内因是跟个人的后天学习能力有关。

3. 增强表达能力

一个中层干部，其中一个重要工作就是要上传下达，起到密切联系群众的桥梁作用。其作用表现在：首先要贯彻落实上级的决策，中层干部的语言表达能力不强，就无法准确传达和贯彻上级的决策；其次要向上级报告、反馈工作情况和群众意见，缺乏流畅、准确的语言表达和娴熟的写作能力同样是不行的。为此，中层干部的表达能力就显得比较重要，尤其是说和写的能力也是中层干部必备的基本功。增强表达能力没有捷径，唯一的方法是在工作中要多思、多讲、勤写。

　　总之，当好学校的中层干部是一门艺术，要求我们在具体的工作中因人、因事、因时地开展，要求我们要真抓实干，只有这样才能成为一名称职的中层干部。

鲜花与培土

教研室主任　钱　玲

作为教研室主任，一名学校中层干部，在学校领导团队的带领和帮助下，对管理工作有所学习、有所实践、有所体会、有所思考、有所收获。

一、通过学习，对管理工作有进一步的认识

21世纪是知识经济社会，是电子化、网络化、数字化社会，其知识更新、知识折旧日益加快。一个国家，一个民族，一个个人，要适应和跟上现代社会的发展，唯一的办法就是与时俱进，不断学习，不断进步。一名教育管理工作者更需要不断地扩充自己的业务知识和管理水平，取他人之长补己之短，才能更好地完成工作任务。通过学习，我深刻认识到：干部是管理者，是一个组织或团队中的领头人，是带领大家去完成目标的人。作为管理者，要有明确的目标意识，才能有清晰的工作方向。在管理上，首先要管，其次要理。要管好分内的工作和负责的部门，要理顺工作的思路和方法。作为领导，首先要领，其次要导。即要引领所负责的部门，要指导所负责部门的工作人员如何开展好所承担的工作。只有这样，才能确保所负责的部门工作有条不紊地开展。

二、通过实践，对干部素质有进一步的认识

在人才培养中，有一句话说："采不到鲜花便培土"。"鲜花的生长需要外在条件，须经过园丁的培土、浇灌、施肥、整枝、治虫……到了季节，才能吐艳开放。不想培土，只想采摘，这样的事情是从来不会有的。"因此，对管理者来说，需要常常扪心自问："采不到鲜花，我培土了吗？"在具体实践工作中，学校教师常常会反映出这样或那样的问题，在教育科研工作上也常常苦于研究力量的薄

弱。对此，我常常自问："我为教师搭建成长平台了吗？"

对此，学校领导加强了教师队伍的培训和校园文化建设的力度，对教师干部队伍也组织开展了形式多样的培训。干部学习和工作实践强化了我的全局意识和责任意识，使我对干部素质要求有了进一步的认识。全局意识是指要站在全局的立场考虑问题，表现在政治上是一种高度的觉悟，表现在思想上是一种崇高的境界，表现在工作上是一种良好的姿态。我们要用正确的思路解决当前存在的问题，就要有超前的思维，要有悟性，有创新精神，而不是仅仅做好自己负责的那一方面工作；要坚持局部服从整体、小局服从大局的原则，始终保持健康向上、奋发有为的精神状态和开拓进取的锐气，敢于负责，勇挑重担。

三、通过交流，对协调能力有进一步的认识

我校干部培训有一道特色菜，就是每周行政例会上的"心灵鸡汤"。每个干部把自己阅读到的有关管理的文章推荐给大家一起学习，并和大家交流自己的心得体会。这样的交流学习既丰富了学习的内容，又能博采众长，对发挥每一位干部的积极能动性，促进干部之间的沟通和了解，起到了很好的作用。通过交流互动，我对协调能力也有了进一步的认识。协调能力主要是指妥善处理与上级、同级和下级之间的人际关系的能力。工作中一名干部需要同这三类人打交道，能否做到使上下级相互沟通、同级相互信任、大家劲往一处使，直接关系到领导干部管理工作的成败。

要实现有效沟通，提升协调能力，需把握好尊重、了解、给予、索取四个方面。尊重是对一个人的品格、行为、能力的一种肯定和信任，尊重别人也是一个人优良品质的表现。尊重是相互的，只有尊重别人，别人才会尊重你。尊重上级，首先表现在"服从"上，对于上级交办的工作要不折不扣地完成；对于上级提出的意见，即使个人认为有所不妥，也应以适当的方式说明，不能阳奉阴违；自己所负责的工作要向上级汇报，让上级知道，不能"架空"上级。在大政方针上，要与上级保持一致。在宏观位置上，要给领导出点子，想办法；在微观位置上，要考虑本职工作。尊重同级，表现在相互配合，相互信任。在工作上分清职

责，掌握分寸，不争权夺利，不相互推诿责任。尊重下级，表现在支持下级和肯定下级的工作。对下级的意见和建议要认真听取、采纳；对下级所取得的成绩要及时肯定；尊重下级的劳动，对下级的工作要给予支持。了解就是尽可能周详地了解上级、同级和下级的长处和短处，并在工作中，扬其所长，避其所短。了解上级，就是要了解上级在宏观上和整体上的指导思想和战略意图，以及与自己在微观和局部上的指导思想和意图上的差异；了解同级，就是在工作上要相互沟通信息，协调一致；了解下级，便是要了解下级的工作需要得到什么帮助和支持，了解下级的心理特征和情绪变化，以利于调动其工作积极性。

在工作中，要按对方希望的方式给予对方所希望获得的支持、帮助、信任……上级希望下级圆满完成自己交办的工作任务；同级希望互相之间建立起一种携手并进的融洽关系，在亲密无间的友好气氛中进行良性竞争；而下级最希望获得的是上级的"信任"，在困难时刻的有力支持，受到挫折时的热情鼓励，以及取得成绩后的及时奖励。我们应按需给予，才能切实促进工作的协调共进。同时，任何人才，也不可能单枪匹马去开拓新局面。因此，应尽可能取得上级、同级和下级的支持、帮助和合作。在争取上级支持时，要了解上级能够提供什么、愿意提供什么；在与同级要求配合时，要看这种配合是否给同级带来麻烦，是否是同级力所能及；要求下级完成任务时，要弄清下级可能遇到哪些困难，单凭他的力量是否能顺利完成。只有真正做到尊重、了解、给予、索取，一名干部才能有效进行协调沟通，确保所负责的工作得以顺利实施。

通过学习实践、交流沟通以及不断反思，我深刻认识到，作为管理干部，要踏踏实实、认认真真地了解、熟悉所负责的工作，把握其中的规律，寻找实践的方法，与上下级和各位同仁一起携手并进，才能切实提升管理工作的成效，实现管理团队的目标。

略说学校人事管理工作的几点经验

人事秘书　王锦纲

学校人事管理工作是学校行政管理工作的重要组成部分，是学校各项管理工作有效开展和有序运行的重要基础，学校人事秘书是学校人事管理工作的参与者和执行者，是校长的重要参谋和助手。自2006年担任学校人事秘书工作至今已经十二年多，期间经历了国家机关事业单位工资改革、职称改革、事业单位岗位聘任制等重大人事制度改革，这些改革与教职工利益息息相关，因此事事谨小慎微，容不得半点马虎。虽说工作烦琐复杂，但凭着自己的责任心和全心全意为老师服务的工作态度，各项工作都能够按时完成，且从没出过错。结合多年的工作经验，谈谈几点经验。

一、树立扎扎实实的工作作风是做好学校人事管理工作的首要条件

学校人事秘书作为校长的参谋和助手，是学校人事管理工作的重要环节，十分复杂而且重要。作为学校人事管理工作的具体执行者，是上级主管部门和学校以及教职工之间的有效沟通纽带和桥梁。因此，人事秘书要加强自身的修养，树立扎实的工作作风，系统地学习国家有关人事方面的政策法规和各种科学理论知识，在实际工作中保持人事工作的正确方向。

同时，把自己看作普通的教职工，加强学习，人事工作需要掌握的政策比较多，大到国家的法律法规如《教师法》，小到学校的规章管理制度。只有自己了解掌握、自觉执行，对政策硬性规定的才能做到坚持原则，秉公办事，工作中展示良好的工作状况、工作态度、工作责任心和工作热情，为广大教职工做出表率。

二、坚持以人为本的服务理念是做好学校人事管理工作的必要前提

在学校人事管理工作中始终坚持服务的理念，就是要"以人为本"，以"人"为因素，以教职工为核心。我办公桌上的台签写着："虚心做人 诚心待人 细心做事"，时刻提醒着自己，所有的工作都要考虑教职工的利益，以服务教职工为工作的宗旨。教师是有思想、有感情、有独立人格的个体，也有各种需求，希望得到尊重和理解，因此在实施学校人事管理工作时要坚持把广大的教职工的利益放在首位，科学决策、民主管理。

事业单位实行绩效工资以后，财务管理更加规范，既要用经济手段调动教职工的积极性，又要考虑各种岗位的均衡，因为绩效工资的蛋糕就这么大，有人切多了就有人拿少了；又比如事业单位岗位聘任制，高一级岗位数量有限，前面的聘上了，高高兴兴，后面的看不到希望，影响工作。这些都需要制订合理科学民主的方案，绩效工资既要考虑多劳多得，优质优酬，又要考虑特殊群体特殊岗位。如岗位聘任方面，我校的高级岗位预留5%由全校统筹，引入竞争机制，让后面的人看到希望。

在民主科学的决策和公开透明的操作同时，还要注意人文关怀，帮助教师成长。比如，很多老师认为职称评审需要准备那么多的材料，也不知道从何下手，对政策要求甚至一知半解，加上岗位有限，会有放弃的念头。所以每到评职称的时候，我就会耐心地指导，亲自初审老师的材料，帮助老师把材料准备充分，十二年来，每年送评的教师职称材料几乎都通过评审，让老师感觉得到实实在在的帮助，反过来他也会支持和理解我的工作。

三、具有认真负责的工作态度是做好学校人事管理工作的有效手段

任何工作的成效都与执行者的工作态度有关系，学校人事秘书的工作既复杂又烦琐，内容广泛，涉及面广。包括工资调整、岗位聘任、职称评审、职务晋

升、绩效考核、评先评优、工资统计、季报年报、档案收集、管理归档、调动入编、退休办理，等等。每一项工作都与教职工利益息息相关，没有高度的工作责任心，很容易就出差错。只有心中敬畏，对工作高度负责、认真谨慎，人事管理工作才能少走弯路，少犯错误。

从接手人事秘书工作开始，就有了思想准备，人事工作错综复杂，不得马虎，必须认真对待每一个数字，准确统计每一次数据，及时落实每一件事情，耐心解答，及时解决，做到事事有落实，件件有回音。也正因为如此，十二年的工作才能做到准确无误，受到校长的肯定也得到老师的认可和信任。

四、建立紧密和谐的工作氛围是做好学校人事管理工作的必备法宝

学校人事管理工作离不开各种规章制度，教师是有感情的个体，仅靠呆板僵硬的制度无法完美地做好人事管理工作。特别是现阶段，实行绩效工资后，财政政策收紧，不仅不能发放奖金福利，甚至落实"八项规定"后，教师节聚餐的机会也没有了，加上学校搬迁到郊区，领导与教师交流的机会更少了，甚至由于缺少沟通交流，感情疏远，从而产生误解，人际关系欠和谐。所以，建立起学校领导与教职工之间和谐的人际关系，避免出现紧张对立的情绪，努力营造和谐向上、充满温情的工作氛围，使人事管理工作更加具有实效性。

除了平时多接触教职工，倾听教职工的想法，还要切实解决教职工遇到的困难，业务上帮助其成长、进步，工作上支持其开展、肯定，生活上关心其需求、困难。在政策允许的范围内，在评先评优、岗位调整等方面优先考虑老教师等。人际关系和谐了，老师的幸福感增强了，工作氛围也轻松了，工作也就容易开展了。

五、掌握熟练的工作技巧和方法是做好学校人事管理工作的有效途径

人事秘书的工作虽说复杂烦琐，但掌握了工作方法、工作技巧，就很容易完

成具体的工作任务。学习是成长发展和完善自我的源泉和动力,在具体工作中,要深入实际,及时掌握情况,提出解决问题的新路子、新方法,不断探索,不断进取,勤于思考,举一反三,做到业务知识全面、基本技能熟练、政策掌握准确,不断提高学校人事管理工作的水平。

十二年的人事秘书工作,使我熟记学校的基本信息、基本数据,能做到心中有数,随时提供;准确掌握人事政策、文件精神随时解答;工资变动按时上报,到龄退休及时办理;档案材料分类收集,避免遗落丢失。同时还要统筹兼顾,事情按轻重缓急处理,常规工作提前部署,临时工作及时办理。这些都需要在工作中不断总结、积累经验,形成自己独特的工作方法。

在新形势下,学校人事管理工作的压力更大,学校人事秘书要不断加强和提高自身的修养,加强学习,掌握政策的变化;还要结合学校的实际,不断创新工作方法,树立扎实的工作作风,全心全意为广大教师服务,更好地保证学校人事管理工作的顺利开展。

他用信任启迪我

——我的行政管理小故事之一

教研室副主任　冯　浪

成长的秘密不在逆转的一刹那，而是隐藏在岁月的衣袖间。

——题记

那是我参加工作的第 4 个年头，学校的考勤制度非常严格，如果有一次迟到或请假，扣当次迟到（请假）津贴，扣当月满勤奖，扣年终满勤奖。这对于月工资不到两千的我来说，是非常重大的一件事。

一个夏天的午后，我一觉醒来，窗外暴雨倾盆，路上有点积水，离第一节上课时间只有 20 多分钟了，照此情况，我一定迟到。我一边急匆匆下楼取摩托车，一边忐忑不安地拨通了主管教学的副校长电话。

"校长，很抱歉，现在雨很大，我这边又有点积水，今天下午的课我可能会迟到了。"我心虚地说。

"没事，我们不会计你考勤迟到，路上小心点！"听到校长的话，我一直紧绷的心弦终于松了下来，激动地连声道谢（现在想想，他当时怎么不批评我越级呢）。

那年年终奖，我依旧拿到"满勤"。年终工作总结会上，这位校长激情洋溢地对学校的教学工作进行了分析。我特别记得他在大会上说的一句话："关于学生作业的检查，全校学生只反映一位老师的作业太多，这位老师就是——冯浪老师。"这个点评，如果放在其他地方，也许会认为是对教师减负工作不到位的批评。但在没有高考压力的中职校，在很多中职生没有多少作业的大氛围中，在校长那昂扬的语调里，我分明感觉到那是至高无上的褒奖。

后来，我再也没有迟到了，而且在教学上更加认真、更加严谨。因为我知道，领导是如此相信我，我必须加倍努力！我更知道，领导的工作是如此细致，他对每一位老师的教学情况了如指掌！

不久以后，这位校长因升迁调离了我们学校。有一次相遇，我以为他不记得我的名字了，毕竟他的平台那么大，且已调离学校，我只是他曾经工作的一个单位里一位名不见经传的年轻教师。出于深深的感激之情，我上前打招呼。他紧握住我的手："冯浪是位好老师！"听得我心里暖暖的。

近几年来，这位待人虚怀若谷，做事一丝不苟的校长几度升迁。我想，从他的气度可预见他的前途。当然，在他的大舞台上，不会再亲自管理我的出勤，检查我批改的作业，我甚至没有近距离听他激情发言的机会。但他的人格魅力一直影响着我，我始终牢记他的管理理念：工作细致，信任下属。并将这种管理理念运用于自己的工作中：对自己，努力加严谨。因为我深知，努力认真的我，是在给自己立形象。对他人，评价需全面。不能因一件小事否认一个人的全部，多欣赏学生、同事的优点。

如今，我已在学校中层工作近十年了，去年的中层干部年度测评，我的群众评价是97分，居第一。昨天赵校长通知每位干部写一篇管理体会，我没有什么大道理，这篇至真至诚的故事正是我的心得。

职业教育的本质

信息商贸系主任　韩鸿定

很多老师都提出了现在的中职学生与过去的学生不同。更强的个性，更广泛的爱好，对课堂内容更少的学习兴趣。他们被定义为"00后""手机族""惹不起的一代"等。这让作为教育者的我们很迷茫，很困惑，甚至于有所失落了。现在的中职老师应该怎么当呢？现在的中职计算机、会计等专业又应该如何发展呢？

从互联网上搜索了相关的信息，总觉得言之不全且水平参差不齐，没有很严谨、很权威的分析和指导性的结论可用。只得自己来研读资料，再结合自己多年的从事职业教育基层管理的经验，也来谈谈自己的感想。

时至今日，中国经济历经多年的高速发展，社会结构发生了很大的变化，国家正大踏步地城镇化，社会保障逐渐完善，贫困正逐渐被消灭。社会的发展正经历着从工业社会到信息与服务社会的深刻转变。

但是，全国各地的发展水平各不相同。海南的工业相对落后，旅游业相对发达，农业在快速向现代化、集团化和专业化发展。整个社会都在大踏步向前发展，人们的生活水平有了明显提高。因此人们相应地也对年轻人的教育有了新的期待。这就对中职教育提出了新的要求。

同时，互联网的发展进入了人人可以互联的时代，人与人、人与物可以实现零成本的相互连接。"互联网+"的进一步实施和实现，让互联网在人们生活中所起的作用大幅度地增加。每个人在互联网中的虚拟活动变得更加真实和有用，社会中的每一位成员都好像有了经营自己、营销自己的条件。知识的获取变得无比方便且无穷无尽。这无形中影响到教育的内涵，其实也已经在无形中影响到我们的教学活动。这就是在我们这个新时代，教育事业体现出来的新特点。

在 2017 年 12 月初的一天，2014 届计算机专业的毕业生周千凯、吴清骞和电子商务专业的毕业生李达孔回校来探望自己的班主任冯成壮老师和其他任课老师。学生很热情，可我最关心的是他们现在的职业情况，他们的仪容仪表整体光鲜，从递过来的名片看，分别是"正德地产""绿德地产""我房网"的置业顾问。既搭上了中国经济的地产火车头，也融入了本专业的信息化和电子商务。这也是我们不曾想到的，他们可是刚刚毕业才不到半年的学生！在他们即将实习时，学校、系部和专业老师可是为他们如何实习、如何就业操过不少心。

可最终还是海南本地的经济为他们提供了就业机会！

下面是几个从信息商贸系各专业毕业的优秀学生：

海南交换空间装修公司创办人王华琳；

百度乐居海南公司的运营者吴德江；

广东省八建集团有限公司吴储泰；

……

他们的职业成就远远超出我们的预期。他们可是完全通过自己的努力创办了企业，并且响应了国家的号召，解决了社会上部分人的就业问题。

从这个角度讲，我非常自豪且应向他们致敬！

职业教育是我国教育事业的重要组成部分，职业教育更加强调教育的职业性，更直接为受教育者将来的就业做准备。我国职业教育的发展在推动经济的发展、促进就业、解决三农问题做出了重要贡献。但从更广泛的意义上说，职业教育的本质还是社会人的谋生工具。那么新时期的中职教育应该如何培养学生呢？当然不会那么容易就找到一个完美的答案。过分地高估中职学生的素质肯定不可取；过分地低估中职学生的综合素养同样让我们一叶障目。也许我们还需要更多的数据来支撑我们的结论。也许我们还需要更多方面的尝试来寻找方向……

喝汤有感

教务处副主任　杨山青

这是第二次写"喝汤感想"了。每一份汤都浓缩着最触动烹汤者心境的味道，不同的汤也当然就有着不同的味道和不同的启示。现将这次喝汤感想小结如下：

《只卖六道菜的餐厅》这道汤，冯浪老师自己品出的是"富含两种维生素——坚持和特色"，我还尝出了不同的味道：餐厅老板着眼于现在社会里某个小范围的两种关系——"求和供"，并服务于这两种关系而且从中得到丰厚的利益。回看我们学校，不也是遵循"求和供"的这两种关系在运行吗？要服务好这两种关系就要解决好以下问题：（1）谁在求？求的是什么？是怎么求的？（2）谁在供？供的是什么？怎么样去供？这对于师生、学校、社会都是适用的，这也是比较根本的且必须要解决好的问题。

《妥协双赢》这道汤的烹制者陈文涛老师着重引用了三句话：（1）谈判是双方妥协的艺术。（2）逼迫双方都做到一定的妥协，然后完成进步，社会才会不断进步。（3）很多人过得拧巴，就是单方面想赢，忽略了岁月的力量。吴多斌老师品出了：找到双方利益点，原则和创新共存，人类社会才会得到发展。肖砾老师品出了：谦让。别故步自封，别让光芒干扰了自己的创新和进步。

再如潘诚老师的《附耳细说》让我感受到了尊重的必要性和重要性，还对如下味道感受深刻：（1）批评和表扬都要注重场合与时机。（2）我们可以批评孩子的懒散，而不应当指责他们的智力；我们可以表扬女孩的手帕洗得干净，而不宜夸赏她的衣服高贵……

还有《再忙也要留出思考的时间》里有黄蕾老师的困惑：做完一件事，还是做好一件事？是啊。我们整天都沉浸在日常具体的事务中了，做完一件事，又紧接着再做下一件事……没有思考的做事就不能更好地去做好下次的工作，因此我们"再忙也要留出思考的时间"！

《茶语清心》这道汤的清澈透明，正如梁海珠老师的清澈透明一样，既简单又充满着生活哲理，在跟我们讲述着：在躁动的环境中要保持一份平静的心，这才是幸福的源泉。

最后，烹饪大师谭蓉老师给我们送上来的是一份令人入口难忘、心动不已的浓汤:《不要以为自己就是尺度》。谭蓉老师在汤里放入了自己的"得"（自己不是尺度，丈量不了别人的缺失与不足，重要的是做好自己）与"惑"（度的把控是个难以解决的问题，导致我在管理工作中经常会迷失了方向，无所适从）。这份汤引起了大家的议论，纷纷说出自己品出的味道。王校说：己所不欲，勿施于人；不能一味地讲情，也不能一味地讲理，要合情合理，这就是尺度。李校说:（1）差异是存在的；(2) 人无完人，要集思广益，沟通是非常重要的。吴多斌老师和韩鸿定老师说：度就是制度，制度制定前要充分沟通，制度定下来后管理者要执行好制度。赖文浩老师和王平康老师说：我们要求同存异。

喝了一个学期的汤，有一个感受：想法很重要，但更重要的是将想法付诸行动。在今后的工作和生活中，我不但要心平气和，更要踏踏实实。

学做人　学做事

总务处副主任　周　州

回顾这些年的工作和学习，我的心情久久不能平静。潘诚主任的《附耳细说》、陈文涛主任的《妥协双赢》、王青主任的《出人意料的逆向思维》、黄蕾部长的《再忙也要留出思考的时间》、梁海珠部长的《茶语清心》、谭蓉部长的《不要以为自己就是尺度》，等等，每位干部的发言，都从不同侧面给我启发，也深深地触动了我的心灵，让我感悟到做事、做人的标准和原则，使我真正认识到自己的不足，如日常工作中管理方面的缺陷和待人处事方面的困惑。在执行学校的各项工作中，我深深地体会到，有时工作开展得不顺利，并不是自己的工作能力问题，而是自己的思想导向存在误区。有时自己在工作、生活中感到不快乐，也是由于没有很好地思考和感悟。通过本学期的学习，让我感悟到不管是做人还是做事，都应努力做到：

一、以"德"立己，以"德"树人。良好的品德是职场的通行证，它能散发出一种自然魅力，是一种让人在不知不觉中被影响的力量。正人先正己，"德为先，利在后"，干部能做到心正、言正、行正、身正，正气凛然，才会赢得尊重，才能成为教职员工、学生的贴心人。

二、以"公"立威。一个干部是为"公"还是为"私"，是为"学校"还是为"个人"，是决定人心向背的关键，是检验一个人是否全心全意为教育事业奋斗，是否具备作风正派特质的试金石和分水岭。在日常工作中，特别是对同事、学生的处理方面，一定要切实做到公开、公平、公道、公正；对事不对人，奖罚分明，不徇私情。

三、以"能"做事。"能"是指领导能力、管理能力、沟通能力、解决问题能力。也包括思想教育能力、宣传鼓动能力、待人处事能力、观察分析能力、联系众人能力、创新开拓能力等。能力强的领导者能维护好众人的团结，发挥出集体的战斗力，调动起众人的积极性，处理好周围的关系，能使集体中的每个人佩服他、信任他，从而服从他。

四、以"诚"待人。诚实、守信是领导者最基本的要求。人无诚信不立、家无诚信不和、业无诚信不兴，只有诚信对待每位教职工和学生，才能取得大家对你的信任。

以上几点是本人在这学期的干部理念学习中总结出的一点肤浅心得体会，抛之与大家共鸣。

行政管理工作漫谈

总务处副主任　陆振纬

一年的管理学习历程，着实令我感受颇多，收获颇丰。犹记得刚开始学习的时候，总觉得学习流于形式的可能性居多，也不大想去参与其中，但是每次学习的时候，看到我们每位同事认真地交流、学习、发言，甚至是思想出现激烈碰撞时，我也会情不自禁地要说说自己的想法、谈谈自己的观点，也认真地倾听和记录其他领导和同事的理解和认识。

一年的学习时间，内容较多，不能一一细述，择印象最深的《妥协双赢》《附耳细说》《再忙也要留出思考的时间》《茶语清心》《不要以为自己就是尺度》等几篇优秀的文章，与众分享。

《妥协双赢》告诉我们要学会与人友好和谐共处，学会妥善协商解决问题。尤其在学校的工作过程中各部门工作之间有所冲突的时候要学会配合、协商地解决问题，彼此间要多沟通，更多的是要相互理解和相互包容。

《附耳细说》给我们讲述了沟通交流的技巧和艺术，核心是尊重。提醒我们在教育和管理的过程中要注意批评和表扬的场合，注重个体差异，尤其是在教育学生的时候要尊重学生、关注学生的心理和情感，更要把握好教育的尺度。

《再忙也要留出思考的时间》中提到"成功不在于是否天天忙碌，而在于我们如何通过思考把实践变成精神财富""只有思考才能帮助我们从无效走向有效，只有思考才能帮助我们从有效走向高效"。作为一位新的中层干部，平时的时间都忙于繁多、烦琐、繁重的事务，天天是从早忙到晚，甚至连周末都要偶尔加班或是处理突发的学生问题，一到可以休息时倒头就睡，啥都不想再管了。但是回头想想，作为一名年轻的教师也好，中层干部也罢，学习、终身学习的理念应该伴随着我们整个职业生涯；在教学教育工作中也好，在管理工作中也罢，我们需要随时解决问题，更要学会反思问题，分析问题，提高认识，与时俱进，防患于未然。这就需要我们进行思考，而且是深入的思考，这样才能对我们的工作产生更大的推动力，起到更好的指导作用，才能让我们自身得到更好的发展。

《茶语清心》要的是在烦躁、紧张的工作之余，我们能够凝神静气，沉淀自己，稍作歇息，学会调整和放松，再次以更好的精神状态和热情投入到工作中去。

《不要以为自己就是尺度》推出的是一个标准和执行的问题。尺度要把握好，以尺为规范，以度来衡量；尺要标准科学，度要合理合情。标准该以什么为准绳，管理者又该怎样去落实和执行？标准不应以主观的个人认识去做出判断，它是以制度为准绳，在实践中需要落实执行，在操作的具体过程中要结合实际情况做到理情兼顾，更需要大家彼此包容、和谐共处。

经过一年来的学习交流，我也在不断地学习和进步。通过这个平台我们彼此沟通、相互理解，最终达成思想上的共识，各部门之间的工作越加融洽，对我们自己的岗位工作也起到了很大的促进作用。结合自己近几年的行政管理工作，总结起来就是要勤于学习，善于思考，精于业务，成于细节，讲究方法，追求效率，整体配合，协调共进。

在欣赏中共同成长

体卫处副主任　郑冠琚

行政干部会的"心灵鸡汤"学习中，和同仁们一起分享交流了《只卖六道菜的餐厅》《没有问题才是最大的问题》《再忙也要留出思考的时间》《不要以为自己就是尺度》《附耳细说》《茶语清心》《用流程解决共性问题》等文章的读后感，我对《附耳细说》一文的感触较深，现结合我的工作，谈谈我的体会。

在平时的德育工作中，会面对形形色色的学生，而给予教育最多的往往是问题学生。学生出了问题，都会有一种抵触的心态，如果我们只是一味地进行严厉的批评和处罚，教育的效果会适得其反，也会使师生关系更为紧张。如果我们此时有意识地创设良好环境，采取有效的教育方法、方式，介入"欣赏"教育，将会为师生关系的自由发展打开一片广阔的天地，从"欣赏"的视角还原师生交流原本的美丽。

1. 改变交流的语言和方式，增进师生情感

人与人交流的基本媒介是语言。按照德育美学观的理念，我试图在师生交往中通过欣赏的语言、附耳细说的方式建立起欣赏型师生关系，以达到德育教育的目的。欣赏的语言、附耳细说的方式以理解和尊重为原则，以真情和关爱为内核，它能转化为强大的教育力量。良言一句三冬暖，春风化雨润心田。表扬鼓励、关心疏导、批评教育等都需要老师精心构思，以富有教育艺术的语言转达教育信息，实现德育目标。是呀，平时我们在教育的过程中是不是经常会在批评学生的瞬间，忽略了对他们心灵的抚慰？对于受批评的学生，批评教育之后更重要的是，不能忘记还要用鼓励的话语使其能改过自新。无论是批评还是表扬，让我们向农夫学习，附耳细说。这样的方式学生更能接受，并能有效地建立良好的师生关系。

2. 拓宽交流环境，倾听学生的心灵

学生出了问题，我们习惯于在自己的办公室对学生进行教育。在跟学生的交流中，我发现，学生对办公室式交流很是反感。交流的环境最好选择在安静或轻松的场所。比如在运动场上散步交流，在校园的廊椅上促膝畅谈，或在比赛中融入教育。有一次，一个学生与同学闹矛盾并动手打了同学，我在对他教育的过程中，他无动于衷，态度很不好。我知道如果一味地说教，教育效果不但不佳，还会造成气氛的紧张。于是我转变了教育的方式，找到了教育的切入口。我知道这位学生有一项特长，篮球打得不错，我对他的篮球技术加以表扬且露出了赞赏的眼神，并向他提出挑战，学生欣然接受了。两人比完球赛后，学生主动向我认错，并对其行为表示后悔，径自向被打的同学道歉。我在对学生的教育过程中拓宽了与学生交流的渠道，从多角度去倾听他们的内心世界，了解他们的想法，为他们排忧解难，消除师生间的误解与隔阂，努力形成师生间的理解和信任，建立欣赏型的师生关系。

任何的教育方法和方式都不是万能的，我们的出发点和终点都是为了教育好学生，但过程和结果往往不尽如我们所愿，要知道教育是一门有缺憾的艺术，有时候我们不能做到尽善尽美，保有一颗平和的教育之心，学会"欣赏"教育，会为师生关系架起一座沟通的桥梁，在欣赏中共同成长。

学习助我成长

德育处副主任　王平康

我校行政例会前有"喝汤"的惯例,"心灵鸡汤"就像中药一样,长期饮用才能取得良好的疗效。每周一个干部,一篇文章,一起品读,畅所欲言,共同成长。最难能可贵的是,在繁忙的行政工作、教学任务之余,有这么一个平台让自己静下心来,细品、慢酌。本学期的"心灵鸡汤"也非常丰富,获益匪浅,其中有一篇文章是本人获益最大的——《不要以为自己就是尺度》,下面就谈谈自己的浅见。

文中揭露了人性的一些弱点,作为父母对待自己的子女时,作为一个社会人对待他人时,往往以自己的尺度来衡量别人,甚至批评别人。很多干部在学习这篇文章时也表示,作为干部也容易犯这样的错误,以自我为中心,以自己的价值观来衡量别人,以自己的工作方式来强加给下属,等等。归其根源,是自己过高地估计了自己的力量。

结合文中内容的启发,很多干部也有感而发,结合本校的情况和自己的认识,谈论了由此篇文章引申出来的更多的内涵。有的说"尺度"很重要,在学校管理中,"尺度"就是制度,所以学校要根据发展情况不断地完善学校制度,例如《班主任任职管理制度》等,只有不断完善和发展学校各项制度,学校才能更好地发展;有的说,制度固然重要,但执行制度的力度更为重要,好比德国、日本等国家,就是由于对制度和规则的严格执行,才有了国家的快速发展,所以在学校管理中应该对学校现有制度执行情况加大监管,学校才能更好地发展;也有的说,"尺度"(制度)固然重要,但是作为制度的执行者和监管者,如何灵活地使用和把握制度,使制度和被实施者之间达到平衡,是作为干部应该去思考的重要问题。而本人从文中更多看到的是"求同存异"的思想。在担任中层干部的一年多时间里，有与高层领导的接触，也有跟基层的干事、班主任、任课教师的接触，当然也会有跟学生的接触；在工作的安排上和事情的处理中，有得心应手时也有遇到阻力的情况。在品读这篇文章过程中，本人也在反思自己的工作，发现"求同存异"真的很重要。"求同"是目标，是我们完成工作的目标，但并不是所有的工作都是被他人认可的，目标也会有受阻的时候，所以在"求同"时还要保持"存异"的心态。"存异"的心态不仅能让他人得到尊重，也能让自己在工作的执行中更加顺畅，提高自己的威信。"存异"不代表改变自己原有的决定，有时候是耐心倾听别人的想法和感受，使今后在制定"尺度"时更加"人文"。

总之，通过一年多的学习，既增长了知识，也拓展了工作视野，还学会和领悟了诸多工作方法，明确了今后工作的重心和工作思路。愿此汤越熬越香，越喝越健康。

一位"半道出家"老师的几点感悟

德育处副主任　王春萍

从1999年大学毕业，到如今已经工作了近20年，曾在政府部门、企业和事业单位工作，曾担任窗口登记员、办公室文秘、主管、经理和总助等职务。2011年9月，从一名酒店管理人员转为中职学校专业教师，我深切体会到酒店培训与学校教育的不一样，教师不但要上好每一节课，还要教好每一位学生，要在教学中融入德育教育，教会学生做人做事的道理。2016年8月，我担任了学校德育处副主任一职，走上学校管理岗位，我深感压力重大，虽然之前也担任过管理或领导岗位，但德育处副主任这一岗位，仍然让我感悟颇多：管理，重在管得有道理；管理，"管"是手段，"理"是道理；管理，重点在"理"不在"管"。

一、在聊天里渗透"核心价值观"激发正能量

随着高考扩招，考上大学不再是难事，多数家长有能力负担孩子的大学读书费用，所以，成绩稍微好一点的孩子会选择进高中而不会来中职学校读书，很多学生还是被逼坐在中职学校的教室里，这样就使得现在的中职学校招收的学生文化基础差。现在的学生从小缺乏自我管理能力，自卑心理严重，自制能力较差，加上没有明确的目标，而且，由于现在国家重视对中职学生的扶持，学生上学基本上没有承担过重的生活压力，更没有什么学习压力了，于是学生便在学校混日子，熬到成年后好就业，所以难以调动其学习兴趣。但只要找准他们的特点，有针对性地进行教育，收效会超出我们的想法。如饭服班的吕某因中学时打架斗殴、恐吓教师等，曾一度被警告要勒令退学，就是所谓令人头痛的"坏家伙"，来到我们学校后，经常故意和老师作对。一次课堂上，他不认真听课，存在趴桌

现象，我发现后请他站起来，他一副满不在乎的样子，根本没有老实站好，还把书本摆一边，然后突然对我嚷道："我头痛，要去校医室看病。"我没有理会他，他又连续叫了几声，我语气平静地对他说："如果能坚持，下课后再去找校医"。他大骂一声就坐到座位上，而且在桌上趴起来。此时，下课铃声响了，我走到他身边说："就不耽误你课间休息了，你放学后到我办公室一下，咱俩好好聊聊。"谈话从征求对本人的意见和建议开始，谈到了违纪对自己、同学和班级的影响，谈到了与教师谈话的态度，还谈到之所以烦躁是因为朋友出意外等。最后，我说："你很够朋友，是个好孩子，暂时有问题不会影响以后的进步，一定会越变越好。"如今，吕某已有一份稳定的工作，吕某家人曾来电话说原本都对这小孩失望极了，没想孩子有了较大的转变，完全走上了正轨。可见，我们要熟知所教学生的思维特点、知识基础、性格特征，才能对症下药，在工作中树立起使命感、成就感、责任感。

二、燃烧自己才能感染学生

"做一名激情教师并非意味着一定伟大，然而伟大的教师一定是有激情的教师。"想要当一名具有激情的教师，必须要做个有激情的人，想清楚自己能做什么，学会与工作谈恋爱。记得当初在工商局登记口工作的时候，我们一共有三个股室：个体私营股、国企股和外资股。每个股都有三个窗口，负责对外登记注册事宜，具体工作人员分别有3名，我是个体私营股的一员。当时，办理个体私营业务的人员较多，通常我们三位工作人员上班时都很难得有休息时间。受理业务多了难免会烦躁不安，审查登记材料时一般都只说明合格或不合格，没有人愿意明确说清楚，而我能认真审查每一份资料，合格的立即受理，不合格的材料我会一一列明存在的问题，将修改要求也详细记录下来，并进行反馈。于是，在我所受理的窗口排列的队伍就越排越长，受理任务也就越来越多，总也忙不完。我一边一丝不苟、毫无怨言地应对工作，一边开始思考如何提高工作效率。最后，我决定加班将原来所有个体私营户的资料全部录入电脑，由于提高了工作效率，得到了局领导、同事和客户的认可，最后被调到局办室担任办公室文秘一职。而如

今，我作为德育处副主任，管理着一个年级1000多名学生，教育学生需要更多的耐心，耗时间耗体力，但我们所表现出的干劲、激情、力量和人格魅力能给学生带来深刻而久远的影响，能调动学生的学习兴趣，激发学生的求知欲，丰富学生的想象，激活学生的思维，所以我愿意多花时间寻求方式方法，因为"适合自己的才是最好的"。

三、行动是最好的榜样

激情的教师心中有真情，外显有热情，内外一团火，衷情向事业，扬情对师生。我们每一位教师的成长不是一天两天的事情，是要经过千锤百炼，无数次课的磨炼，才能达到优秀教师的标准。"师而优则管"，作为管理者更应该有这么一股劲，有这么一种心态，用执着充实生活。执着需要些胆魄，执着的动力是责任。为了责任，为了目标，就要有不达目的誓不罢休的决心。一位优秀的管理者要使自己在磨炼中逐渐形成这样的性格习惯：做事要有决心，有追求，坐得住，沉得下去。这种执着的性格能帮助你在办学中成就许多事情，使一些别人认为办不成的事得以办成。教育家魏书生说："埋怨环境太坏，常常是我们自己不好；埋怨别人太狭隘，常常是自己不豁达；埋怨天气太恶劣，常常是我们抵抗力太弱；埋怨学生难教，常常是我们方法太少。"有时候，我觉得我们不在于向学生灌输了多少做人的道理，而在于用自身无可指摘的行为影响学生。学生从教师的行为方式中潜移默化地受到影响，从而在未来相同或类似的境遇中重复教师的方式。特别是我们对生活热情和执着，会通过我们的课堂和管理，渗透给学生，让学生感到教师的人格魅力，更会学习这种行为方式，使之成为日后自身的美德。

四、分享带来融合

管理者要做一个善于讲话的人，只要有机会，就向教师、学生、家长激情阐述，要讲群众听得进去的话，就要用心与群众交流。管理者要经常将学校的办学情况说给上级、说给老师、说给学生、说给家长、说给社会。管理者要说畅想，用以激励教师的热情，我们的真情言说需要深刻地思考，艺术地表达，更要讲求融情理、世理、伦理、道理、哲理为一体，讲求激情、真情、动情、深情、热情地对话；要把握好分寸，不随意说，该说时勇于说，不该说时缄口不说。对新思想、新观念，管理者不能失语，在需要沟通时不能少语，在原则问题上不能无语，在琐屑是非面前决不言语。用心来体会和观察，发现教育工作中的感人事迹与教育智慧，让"说"有素材。用言说来宣传，来鼓动，来评价，来激励，来分享，使自己上课时像一个演讲家，用自己的激情去感染学生，去激发学生的激情。

五、学习永无止境

读书可以让人懂得为人处世的道理，因为懂得，所以理解，因为懂得，所以宽容，因为懂得，所以珍惜。书读得多的人，都会比较有气质和涵养，我们管理者要广泛阅读，不断学习，从教育名著和专业研究人员那里获得理论的营养。另外，还要关注和参与教科研部门的研究动态，从科研活动中获得教育认识；与各级行政领导保持经常性的联系，参加各种政策法规会议，从中获得指示性的思想；定期阅读教育期刊和报刊文章，了解研究的最新动态与观点。而我们可以通过课堂把我们的观点和看法传递给学生。课堂是我们影响学生的"无字之书"，可让学生认为教师和蔼可亲、知识渊博，然后会"爱屋及乌"，当然就会喜欢上听课，从而能调动学生的听课热情，促使师生关系和谐互动。当然还需要通过文字来"说话"。古人云：不动笔墨不读书。管理者要修养自己善动笔墨的习惯。一方面，要写专，与教育教学关系密切的、与学校管理相关的文章；另一方面，写要广，能写的都写。

可见，当好教师不是简单的事情，当好管理者更不是简单的事情，只有不断充实自己，不断学习，才能不断地提高自己的教学水平。而作为教育管理者，我们要勤于读书求索，从小事做起，关注、思考工作中的问题，每天坚持积累教育教学的原始材料，写教育日记等。同时，我们还要深入了解学生情况，有针对性地采用适当的教育教学方式，只有这样我们才能做到教书育人，影响更多的学生向更好的方向转变。

以心换心，促我成长

信息管理系副主任　冯成壮

站在中层干部这位置刚过一年，一直都在学习中、在摸索中，总觉得需要学习的地方有很多很多。

作为中层干部，觉得我们所处的位置是最为难的位置，上有来自学校任务的压力，下有来自老师们的推力，扮演着既是管理者又是被管理者的双重角色。一年来的工作，让我更切身地体会到这个角色的难处，现我就这一年来的工作经验同大家一起分享。

作为一名中层干部，不仅要学会换位思考，而且要学会变换多种角色。有时处在领导的位置想想，他们也有难处，一个学校的发展需要社会各方面的支持。比如我市直属学校普高有那么多个，上级领导及社会企业凭什么就支持我们职业学校呢？从现实来看，当然得有一定的成绩和社会效益做支撑，这就需要我们职业学校老师们的辛苦付出。因此，有时也要站在基层的位置，想想老师们的难处。他们在基层，承受着来自各个部门的压力，每一项工作的落实最后都落到了他们的身上。作为一名系副主任，我同时也是一名教师，和所有老师一样都需要面对学生、面对家长，一样得改作业、写教案，一样得承担教学工作，一样得落实学校布置的其他工作，我深深体会到老师们的艰苦和困难。所以，在布置一些基本工作时，我能做的尽量自己去做，比如一些日常会议的布置、期末工作安排发布、试卷校对、学分统计、课本征订等，还有省赛老师的商定、学生的选拔等，我都亲力亲为或指导协助老师们去完成，并能坚持作领队带队到赛场参加比赛。我认为，一个人做任何事情不能只为自己考虑，不能以自我为中心，要考虑的是大家的利益、大家的感受。只有从大局出发，处处考虑大家的利益和感受，大家才会自然地去接纳你、拥护你。

另外，作为一名中层干部，一定不能做一个"绝对的、精致的利己主义者"，要学会分享，和老师们、学生们共同成长。就如《弟子规》里所说的"己有能，勿自私，人所能，勿轻訾"。如果你自己只想到利用这个管理位置，所做的一切都为自己谋利益，"以自己的利益成为一切言行的唯一推动力"，那么时间一久，大家就会看出你的私心，就不会心悦诚服于你，系内的工作就无法去推动了。其实分享是另一种管理的智慧，把我们的所学所会与老师们分享学习，和老师们共同成长，老师们成长了，这个团队就强大了，那时一个强大的团队就无坚不摧，无所不能。其实帮助别人的同时也是在帮助自己，就像盲人点灯，照亮的是别人，却带给自己方便。

一年来，我不问收获，不问他人的评价，只是默默地做着自己应该做的事。也不去想在中层干部这路上能走多远，能走多久，只想我在职的每一天，尽力去做好每一件分内事，努力做得更好、更完善。我们要努力践行习近平总书记的关于"坚持久久为功，以人民生活不断改善为前进动力"的十九大新思想。他指出："既尽力而为，又量力而行，一件事情接着一件事情办，一年接着一年干。"其中的"尽力而为"就是要撸起袖子加油干，把全部精力投入到为人民服务的工作中来。"量力而行"就是要结合实际干，不能盲目干。如何为人民服务，如何让人民的生活质量随着时代的进步而不断改善，那么就需要我们党员干部"一件事情接着一件事情办"，也就是要脚踏实地干，不能好高骛远。"一年接着一年干"就是要坚持不懈，不断前进。

这里，我只能用"感动、感谢"来表达我的感受。23年来，我一直在观察，我校和我系老师们的团队精神、大局意识、责任感着实让我感动。他们为了学校的发展和学生的出路，日日夜夜忘我工作和学习；他们淡泊名利，默默地奉献着自己的一切，毫无怨言；他们这种爱岗敬业、无私奉献的精神着实让我感动。

然而，老师们的职业倦怠是目前我校也是每个学校碰到的一个困惑，而一个学校如果能让老师们幸福和快乐地工作、将教书育人当作一件幸福的事来完成的话，那将是不简单的事情简单做。做法看似简单，但却让你感觉出他

的与众不同和奥妙所在，除制度是不可少的外，用团队管理去鞭策老师，用学校精神去凝聚人心，同时能转换机制建立目标激励、情感激励、荣辱激励，让老师们能自发地去管理和工作，这是最耐人寻味的事情。从我校读书节来看，在每年读书节中都要求老师们利用业余时间认真地去读完五本书，同时交流读书心得、分享读书所带来的快乐与收获，让老师在读书中更好地调整心态、明白责任、净化心境，树立一种乐观向上的工作境界。为了让老师们能认真细致用心地学习提高，学校可谓真的用心良苦，但有些老师却敷衍了事，在读书节写体会分享心得活动中，没有认真对待，真的很值得我们管理干部们反思。如何让老师们真正体会到读书不是一件辛苦的事，而是一件乐事，这也确有需要我们去改进的地方。因此我们到底该如何让老师们乐于读书，让职业倦怠感不再去困扰老师，是作为校领导和学校中层应该深入思考的问题。

我校有种合作、精细、奉献、引领的管理特色，很值得我们提倡。俗话说，没有规矩不成方圆。一个单位，没有一套比较完整的管理制度进行一定的约束和指导是不行的。我们都应该明白自己的职责所在，也应该知道在工作中应该怎么做，从每一天的工作中去思考下一步该怎么做，要有今天和明天的目标。这就无形中督促了每位干部要认真细致地做到合作、精细、奉献、引领这方面的管理工作，不能让其他老师觉得我们无能。同时要教会老师们去深入思考我校的这种精神，它其实是一种力量和智慧的综合体现。

学校领导很关注我们中层干部的成长，他们亲自指导，并当师傅去带我们，通过倾心地培养，让我们快速地成长，希望成长后能够在自己所分管的工作中独当一面，能够自己去谋划、去处理。其实我们也都能认真地去思考、去谋划，这就体现了要求学校要管理思想，要求我们的中层管理干部要解放思想，"管"就是为了"不管"，这就是管理的艺术，也许这就是管理者的最高境界。我认为，学校应创建教研专家团队和德育专家团队，将最前沿最高端的教学信息与教育思想传达给老师和学生，指导、引导老师和学生们健康、稳步、持续发展，并快速成长。

从一件简单的读书节事情中,我每一天都在不停思考着、感动着、感叹着、收获着。身为干部,如何让我更准确地定位自己,更清楚地看到以后学校管理与个人成长的努力方向;如何做到合作、精细、奉献、引领;如何更新自己的职业教育管理理念与能力……总之,这一年来给我留下了精彩而美好的回忆,它将是我人生道路上一道最亮丽的风景。

理性妥协　和谐共进

团委书记　肖　砾

本学期读到了一篇文章——《妥协双赢》，该文章是白岩松先生有感于我国社会现状而写的一篇短文。白岩松先生是我非常敬佩的人之一，他的个性、睿智、价值观、人生观包括人生态度几乎完全符合我的价值取向，我基本上对他的所有观点都感兴趣和认可。而他写的这篇《妥协双赢》的短文，其中的观点充分展示了他的风格，我几乎一字不漏地反复逐字逐句地品读。他真的了解中国人，包括我们的缺陷和陋习，他把征服和谈判，妥协和双赢分析得淋漓尽致、入木三分，看完整篇短文，我除了佩服和认同以外只能说他对人生的感悟更深刻，更准确。

首先，从小我们就被灌输"赢"的思想，大人说，无论做什么，都要坚持到底，坚持下去了你才能够有收获，才能获得"赢"。而对于妥协，我认为就是一种认输的态度，比如你对生活妥协了，你就是向现实而残酷的生活低头，再也不愿意奋进和拼搏。所以我对于妥协的态度就是永不妥协，我记得有部著名的美国电影《永不妥协》，说的也就是这个道理。

现在，我们大力提倡"双赢"，就如文章中写到的"当下的中国，需要营造一种双方都懂得的妥协的氛围，共同前进。权力要懂得妥协，对自己要有所克制。我觉得公众的妥协在于，我们可不可以变得更加理性，而不是情绪化；我们可不可以在反抗的同时，也能自责和自律。我觉得，可能这是最关键的"。妥协就是为了取得这样的效果。而妥协又怎么能双赢呢？读完文章后，我豁然开朗！

真正在现实生活中，并不是坚持己见就一定能"赢"的，有时，不能为了坚持而一条道走到黑，即使撞了南墙也不回头。若是这样，没有人会说你好有毅力，只会说你傻。如果绕过墙也能达到目标，那我们为什么不绕一段路呢？这个绕路就是一种妥协，带着目标的妥协。当然，妥协也是有一定原则和方式方法的，让多了不合算，让少了达不成协议，所以必须掌握一个妥协的度，让双方都互惠互利。生活中，有很多时候需要我们这么做。妥协不单是"让"或者"忍"，妥协是为了找出解决问题的办法，让双方的需要都得到满足。而"妥协双赢"的意思就是在退一步后海阔天空，不伤和气，妥协其实是一种能屈能伸的表现，荣辱皆能忍，一举双得。

我深深地体会到，最成功的妥协，不在于你真正"让"了多少，也不在于你要为此付出多少，而在于你最终是否达成目标，是否自己知道"赢"在哪里；同时，要明白你的妥协能带给对方多少"赢"的感觉。

干部执行力小议

培训中心主任　陈文涛

在学校工作中，高效的中层干部执行力，是学校快速发展的重要保障之一。如果我们学校下设的各个部门工作思路清晰，高效运转，合作良好，那么学校的正确决策就能落实，社会信誉度就会越来越高。

如何提高中层干部的执行力呢？我认为：

（1）要不怕困难。工作中，总会有大大小小的困难，克服不了遇到的困难，工作怎么能执行下去呢？不怕困难，背后支撑它的是强烈的责任心和进取心。很多时候，我自己能解决的问题，我尽量自己解决，有时解决不了的困难，我会请求别人的帮助。在困难重重的时候，我总勉励自己：再想想吧，看看还有什么办法。

（2）要不断学习。广泛的知识面，精湛的业务能力是提高执行力的基础。只有坚持学习，才能拥有更多的知识，才能不断提高自己的业务能力。随着信息科技的发展，"数字人事"将成为发展的必然趋势，在这瞬息万变的时代里，作为人事干部必须反应敏捷，培养自己的综合判断能力。要及时掌握快速变化的信息、政策，一定要与时俱进，不断提高自己的政策水平。只有吃透政策精神，才能抱着对教职工负责的态度，认真细致、严谨地做好人事管理工作，努力做到不出偏差和毛病，以高超的政策水平大胆开展人事管理工作，游刃有余地处理好各类人事关系，真正做到有法可依、有章可循、言出有据、依法办事。新时期人事管理工作不仅要求人事干部要有广博的科学知识、敏锐的观察能力、深刻的分析能力、良好的表达能力以及高超的组织能力和解决问题的能力，而且还要精通与人事管理工作相关的现代信息技术。因此，我觉得自己必须花时间去学习，努力掌握先进的现代人事管理技能，提高应用现代信息网络技术的能力，及时准确无误地完成人事信息的统计、上报和档案管理工作。

（3）要有计划。工作往往是方方面面、千头万绪的，因此我觉得首先要有安排，要厘清思路、理出头绪，重要的工作要先做，紧急的事情要抓紧做，其他的事情要有计划地做。一天的时间是有限的，如果一会儿做这，一会儿做那，结果可能什么事情都不能做完整，做彻底。

（4）要有耐心。有耐心，我觉得既是一个人的个人素养，也是一个人的职业道德。学校方方面面的行政工作需要我们有足够的耐心去面对。例如：上交资料，有的老师可能忘了，有的老师可能没看到通知，有的老师可能请假，在没有收齐的情况下，需要我们耐心地去提醒他们。在工作中，有老师咨询你问题时，需要我们耐心地倾听，耐心地解答。

有人说，人的一生只有三天，昨天、今天和明天，昨天只能回忆，只有好好把握今天，才能展望明天。回顾过去，反思总结，我争取今后做得越来越好。

谈谈学校中层干部的体会

原培训中心主任　潘　诚

通过学习，使我对中层干部的角色与责任有了进一步的认识，更加明确了作为一名中层干部应扮演的角色和承担的责任。

校长是各项工作方针的决策者，起着决定大局的主导作用，但学校中层干部是校长思路、决策的具体实践者和执行者，校长的所有思路、决策都是通过学校中层干部的具体操作去实现的。由此可见，学校中层干部在实际工作中的重要性。中层干部扮演着许多双重的角色，既要当好配角，又要当好主角；既是一名助手，又是一名主管；不仅要当参谋，而且要做决策。因此，作为学校中层干部，必须认清自己的角色，找准自己的位置，知道自己应该做哪方面的工作，承担哪方面的责任，在自己的本职岗位上尽职尽责，努力工作，不"渎职"，不"越权"。这样说，也许听起来有些别扭，让人心里不太舒服，但实际情况确实是这样的。就如王教授所说，中层干部最重要的是职位性思考和决定性把握，中层的重心在"中"，中层干部的职责是承上启下顾左右，处事的原则要持中，工作要到位。做好中层，就要具有"+"号意识，并要做到"+"号意识——对上是决策的高参、决议的高秘和决定的高手；对待平级是协作好手，要善于协调、及时沟通、相互支持和补台共赢；对下是管理能手，做到目标统领、制度运行、绩效保证和突破创新。工作中，学校中层干部要积极协助校长做好工作，属于自己的本职工作，要尽心尽力，要切实负起责任，要敢于承担责任，充分发挥自己的聪明才智，带领老师做好工作，把握好自己的管理角色，这样才能真正担当起中流砥柱的作用。

在实际工作中，身为学校中层干部，应具有宽阔的心胸，能"容人""容事"，"容人"是非常重要的。俗话说：世界上最宽阔的是海洋，比海洋更宽阔的是人的胸怀。要学会以宽容之心待人。为人心胸坦荡，处事光明磊落，是学校中层干部在学校中赢得校长和老师们信任的前提，虚心接受别人的批评和建议，是学校中层干部干好本职工作的基础。

作为一名中层干部，还必须提升自己的核心素质，做一名"智者、仁者、勇者（智者不惑，仁者不忧，勇者不惧）"，力争做到"德才兼备，教育与管理并重，理论与实践兼顾"，走一条专业发展之路。

当好学校中层领导也是一门艺术，它要在具体实践中因人、因事、因时、因地而异地创造性地处理问题，才能体现自身的管理能力，展现自身的才华，形成独特的工作风格，开创出一片灿烂天地，从而为学校的教育教学工作做出贡献。

管理心得学习随笔

餐饮管理系主任　谭　蓉

通过这些年的行政干部管理工作，以及每周行政例会上的"心灵鸡汤"美文交流学习，让自己收获颇丰。

经常会问自己："当老师为什么那么忙？当职校老师又为什么那么忙？"每天都在跟繁杂的工作打交道，还背负着团队管理的重任，有时候会苦闷、会退缩、会想逃避。偶尔也会有这样的时候：工作累了、烦了，头脑一热，一切条条框框都扔在脑后去，只剩下冲动，冲动之余会做出许多出格的事情，如抱怨连连、对领导不尊重，等等，待慢慢冷静下来，才感到后悔莫及。通过一学期干部"心灵鸡汤"学习调整，个人的心态有了明显好的转变。干部们推荐学习的小故事个个寓意深重，要么朴实见真，要么启人心智，要么让人感动，要么令人温暖，要么促己自律。每周一篇的小故事便是一个教育案例；一篇小故事是一份教育反思；一篇小故事是一盏教学智慧的明灯；一篇小故事便是一笔教学生涯的财富；一篇小故事还是心灵的清洁剂。不仅如此，这些文章中透射出的还有对生活的感悟和对人性的理解。它们增加了我对生活、对学生、对教师这份神圣工作的爱意，拂去了艰辛工作留在心底的尘埃，拨开思想上的阴霾，又见灿烂的阳光。

通过学习，我充分了解到作为一个中层管理者的定位与职责，企业的发展离不开团队，团队的核心在于中层管理者。真正好的团队，中层起着承上启下、承前启后、承点启面的作用，是一个团队中不可或缺的组成部分。一支优秀的团队离不开一流的中层，只有带领全团队的每一位成员产生共同的认知，才能朝着同一个方向努力，才能产生高绩效。通过学习提高，现在的我在繁重的工作和必须担当的责任面前不再彷徨、退却，因为找到了快乐的源泉，发现了真正的快乐来源于每次挑战自我极限成功后的成就感、满足感。也就不再去纠结工作中的得失与辛劳。

通过这一学年的行政管理学习,通过每周一碗"鸡汤"的浸润,我深深地懂得要做一个优秀、称职的中层,要多专多能、多才多艺,得精于业务、善于总结、善于汇报,还要处理好同事关系和成为下属们学习的标杆。行政管理工作,任重而道远,只有不断地充实自己,提升自己,才能将工作做得更好。

责任编辑：果凤双

图书在版编目（CIP）数据

追求卓越 / 赵金玲主编. -- 北京：旅游教育出版社，2018.4

（海口旅游职业学校书香校园丛书）

ISBN 978-7-5637-3718-5

Ⅰ.①追… Ⅱ.①赵… Ⅲ.①中等专业学校－学校管理－经验－海口 Ⅳ.①G718.3

中国版本图书馆CIP数据核字(2018)第065981号

海口旅游职业学校书香校园丛书

丛书总主编：赵金玲　副总主编：杨 英　王高平　洪 涌　李志昆

追求卓越

赵金玲　主编

出版单位	旅游教育出版社
地　　址	北京市朝阳区定福庄南里1号
邮　　编	100024
发行电话	（010）65778403　65728372　65767462（传真）
本社网址	www.tepcb.com
E - mail	tepfx@163.com
排版单位	北京旅教文化传播有限公司
印刷单位	北京京华虎彩印刷有限公司
经销单位	新华书店
开　　本	710毫米×1000毫米　1/16
印　　张	10.375
字　　数	132千字
版　　次	2018年4月第1版
印　　次	2018年4月第1次印刷
定　　价	42.00元

（图书如有装订差错请与发行部联系）